孩子是父母最好的老师

父母就是孩子的起跑线

赵磊 ★ 著

辽宁人民出版社

图书在版编目（CIP）数据

孩子是父母最好的老师 / 赵磊著. —沈阳 ：辽宁
人民出版社，2019.3
　　ISBN 978-7-205-09388-4

　Ⅰ．①孩… Ⅱ．①赵… Ⅲ．①家庭教育 Ⅳ．①G78

中国版本图书馆 CIP 数据核字(2018)第 281929 号

出版发行：辽宁人民出版社
　　　　　地址：沈阳市和平区十一纬路25 号　邮编：110003
　　　　　电话：024-23284321（邮　购）　024-23284324（发行部）
　　　　　传真：024-23284191（发行部）　024-23284304（办公室）
　　　　　http://www.lnpph.com.cn
印　　刷：三河市德鑫印刷有限公司
幅面尺寸：170mm×240mm
印　　张：15
字　　数：155 千字
印　　数：1～50000
出版时间：2019 年 3 月第 1 版
印刷时间：2019 年 3 月第 1 次印刷
责任编辑：高　丹
封面设计：夏末书衣
版式设计：王　欣
责任校对：高　辉
书　　号：ISBN 978-7-205-09388-4

定　　价：38.00 元

前　言 PREFACE

　　我有一位朋友，教育孩子很有一套方法，他把这种方法叫作"请教法"。那这种方法是怎么操作的呢？

　　比如要教孩子背诵一首古诗，他会先把这首古诗抄在孩子的小黑板上，然后向孩子请教，让孩子当自己的老师，教自己背古诗。孩子总是兴致勃勃地查字典、找资料，然后认真地、一字一句地教朋友背诵这首古诗。他用"请教法"教会了孩子很多首古诗。朋友说："如果我态度强硬地让他背古诗，他肯定不会背的。现在他是我的老师，就会很有兴趣，学习效果也很好。"

　　这真的是一种极高明的教育方法。

　　这让我想起曾经在某个博客里看到过的一篇文章：作者回想起他小时候对学习没有信心，成绩很差，也很自卑。他放学回到家，父亲故意装作不懂的样子向自己请教问题。不知不觉间，他忘记了自己成绩很差的事情，自信心也慢慢增强了，十分积极地教授父亲各种知识。如果遇到自己不会的问题，他就会去问老师，弄懂后再教给父亲。就在给父亲当老师的过程中，他渐渐地恢复了对学习的兴趣。长大后，他才明白，父亲是在用这种"请教"的方法鼓励自己。

由此，我想到了一句话：以孩子为师。以前，我只是理解父母也会有不如孩子的地方，所以父母要向孩子学习。可是现在，我对这句话有了更深刻的认识。

从孩子呱呱坠地的那一刻起，我们就开始了对孩子的教育：教他说话，教他认识周围的事物，教他熟悉生活环境，教他各种生活技能……父母就是孩子的第一任老师。但是换个角度来看，孩子是否也可以做我们的老师呢？细细品味，倒可以让我们悟出不少生活与教育的真谛。

孩子是这个世界上最单纯、最自然的人，但并非是无知的。有些父母把孩子当成一张白纸，认为可以在这张白纸上任意涂画，这种想法其实是错误的。对父母来说，孩子应该是一座未经开发的宝库，等待着我们去发掘。孩子也是父母最好的老师。

在传统的教育观念里，"父母是孩子的老师""好老师不如好妈妈"等说法比比皆是。但是经过我多年的实践和研究，发现这种观点要有所改变。谁都没有办法教会父母如何养孩子，只有孩子才能教会父母如何养育他。

这也是我一直坚持的教育新观念——以孩子为师。

孩子让我们有机会成为父母，初为人父、人母的我们和刚来到世界的他们是一样的，都对未来的新生活充满未知。陪伴孩子，教育孩子，教会他们吃穿、认字、说话、生活，对所有的父母而言都是第一次。因为有了自己的孩子，我们才体会到自己父母的艰辛，才明白孝顺的意义；因为有了孩子，我们的责任心更重了，人生更圆满了；因为有了孩子，我们的生活变得不一样了。

在孩子的成长过程中，我们对孩子一定有过冲动的打骂和严厉的惩罚。但是，不管我们如何惩罚孩子，他们都能原谅我们，继续给我们带来快乐。孩子的心胸比我们更宽阔。

我们给孩子无私的爱，他们教会我们真正的爱是真心的付出。在教育孩子的过程中，我们对他们的要求越来越高，可是孩子对我们的要求只是理解他们，给他们一片自由的天空。孩子对我们真诚的爱，我们是否能够感受得到？

孩子是父母的老师，他们教会我们用感激的眼光看待这个世界，用尊重的态度对待孩子。孩子和我们是平等的，我们要经常对孩子报以赞赏，保护孩子心中的那一片净土，让他们快乐成长，获得成功。

在本书里，我将从以下七个方面来告诉父母，以孩子为师的教育方法：

1. 以孩子为师，在尊重中建立无障碍沟通。无障碍沟通就是架在父母与孩子之间的一座心灵之桥，通过这座桥，父母与孩子才会彼此理解、相互尊重。

2. 以孩子为师，让爱回归本真。孩子的内心是一片神秘而陌生的森林，他们用爱的眼睛为我们引路。

3. 以孩子为师，帮助孩子发现自我。这能让孩子成为他自己，做最好的自己。不管有没有人欣赏，都要开出自己的花朵。

4. 以孩子为师，发现教育的真谛。透过孩子反省和检讨自己，不断地发现自己的问题。

5. 以孩子为师，共同面对成长路上的风雨。与孩子共同面对成长路上的风雨，再苦也要手牵着手，让孩子自己克服困难、历练成长。

6. 以孩子为师，自省为人父母的一言一行。解决孩子的问题，要从提升父母的思想和智慧开始。

7. 以孩子为师，在陪伴中一起长大。孩子学习成长，父母学会成熟，向孩子学习，与孩子一起成长。

翻开本书的朋友，或者已经为人父母，或者即将迎接一个新生命。但是，您觉得自己合格吗？曾有人说，父母这份职业不需要任何上岗资质，这才是最恐怖的事情。话虽粗但理不粗，因为父母对子女的责任，不仅仅是让孩子长大，还要让他们成人，做一个对社会有用的人。

我把这本书送给那些和我一样对教育孩子有疑问的人，把那些切实存在却又容易被我们忽略的问题做一个系统的归纳，用一些在教育孩子的过程中常见的案例来反映这些问题。书中的案例有我自己的亲身经历，也有身边朋友的经历，还有一些是真实的社会新闻。我没有对这些案例进行夸张的叙述，它们就发生在我们身边，也许您还能从这些案例中看到自己的影子。

这本书针对具体的问题进行分析，并为广大父母提供了一些可行性建议，供大家参考。但是，每个孩子的情况不一样，每个家庭的环境也各有特色，因此，书中给出的方法并非对所有的家庭都适用。关键在于父母的思想和理念，假如你意识到了问题所在，并且做出改变，就达到了本书的写作目的。

路漫漫其修远兮，吾将上下而求索。只有父母做出改变，孩子才能改变。我真诚地建议大家，以孩子为师，改变自己。社会的进步，让孩子在教育修养方面的起点比父母要高，我们要向孩子学习的地方有很多，这是社会发展的趋势。

最后，我希望这本书，可以成为父母夏日品的凉茶、冬日喝的银耳桂圆汤……

目 录 CONTENTS

第七章　以孩子为师，在陪伴中一起成长 / 203

第一章
以孩子为师，在尊重中建立无障碍沟通

　　孩子一天天地长大，身心都慢慢独立。这时与孩子的沟通，渐渐变成一件既重要又困难的事情。有效沟通能帮助父母恰到好处地处理亲子间的关系，而无效沟通则会把亲子间的关系推向更加尴尬的境地，到最后甚至无法收拾。所以，以孩子为师，首先要在尊重中建立无障碍沟通，让自己与孩子的沟通变得轻松、有效。其实，无障碍沟通就是架在父母与孩子之间的一座心灵之桥。通过这座桥，父母与孩子才会彼此理解、相互尊重。

1.1 亲子沟通，究竟难在哪里？

　　我国台湾作家龙应台在《目送》中写过这样一段话："我慢慢地、慢慢地了解到，所谓父女母子一场，只不过意味着，你和他的缘分就是今生今世不断地在目送他的背影渐行渐远。"

　　我初次读到这段话的时候还没有孩子，也没有太深的感触。如今，像大多数有了孩子的家长一样，在与孩子相处的过程中，我总是会时不时地想起这段话。随着孩子年龄的增长，家长们都会有一种感觉：孩子长大了，有自己的想法了，有时候真的不知道孩子心里到底在想什么，总觉得随着孩子日渐长大，他们与父母真的是渐行渐远……

为什么会这样？父母与孩子之间原本应该是亲密无间的，为什么亲子之间的沟通总是存在这样那样的问题？在一些亲子沟通咨询的网站上，到处可见家长的苦恼："孩子越长大越没有意思了，小时候多好玩儿呀，什么话都和我们说，现在可好，和大人就是没话可说，想知道孩子的心事，只能靠猜。"可以说，类似于这位家长的烦恼，在我们身边的许多家庭中普遍存在。

孩子长大了，却与父母疏远了，难道父母与孩子之间真的没有共同语言吗？亲子之间的沟通危机表面上看起来是缺乏有效的语言沟通，深层原因其实是父母无法走入孩子的内心世界。

身为单亲妈妈的阿秀，一个人辛苦工作，供上高中的孩子晨晨读书。虽然每天早出晚归，但阿秀一点儿也不觉得苦，反倒是每天回到家里的那有限的几个小时，让她内心觉得苦涩不已。

孩子9岁时，她与丈夫离婚，之后为了晨晨的成长，阿秀并没有考虑再婚，而是一门心思地让孩子好好读书，将来出人头地。然而，随着孩子年龄的增长，阿秀慢慢地发现，晨晨不再像小时候那样听话和贴心了。尤其孩子上了高中之后，几乎每天晚上，母子二人都会因为学习的事情而争执。晨晨时而显得委屈，时而又显得暴躁，经常挂在嘴边的就是一句话："妈，我真的不想读书了。"面对晨晨的软磨硬泡，阿秀始终冷静而坚定地告诉儿子："你的脑子又不笨,必须好好读书,没有别的出路。就算是天天打瞌睡,你也必须待在教室里。"

母子之间的矛盾,终于在一个周末爆发了。这天晚上,阿秀拖着疲惫的身体回到家,打开儿子晨晨的房门,眼前的一幕让她一瞬间感到天旋地转:房间里弥漫着浓浓的酒味,儿子晨晨躺在地上,身旁是一个已经空了的白酒瓶。酒瓶旁有一摊刺眼的鲜红血液,它来自晨晨的手腕。阿秀疯了一般地给儿子包扎伤口,打急救电话。所幸伤口并不深,晨晨没有生命危险。

发生这件事情之后,阿秀开始认真地思考自己和儿子之间的问题。她意识到,自己与儿子的沟通方式有些粗暴,根本不知道儿子心里在想什么,自己只是一味地用训斥和吵架来对待儿子,让双方的沟通变得更加困难。

晨晨出院后,阿秀同意他去办理休学。晨晨在家休养的日子里,阿秀每天晚上回到家,都会陪晨晨去楼下散步。她开始用平等的方式跟儿子沟通:"儿子,你不上学之后,接下来有什么打算呢?"没想到,晨晨的回答让她吃了一惊。原来晨晨的梦想是学画画,而且在学习之余,他已经自学画画很久了。虽然画得还不错,但是他最大的梦想是去专门的绘画学校深造,学习更专业的绘画技术。为此,他通过各种渠道打听到了学校的地址、授课内容、教师资质以及收费情况等。

阿秀思前想后,作了一个决定。她取出自己这些年辛苦攒下的打算给孩子做大学学费的积蓄，带着晨晨来到他想去的绘画学校，一起向老师咨询。老师知道了晨晨的情况之后，很认真地给晨晨分析了形势，并且带晨晨到班级里参观和试听了课程。晨晨发现，这里有通过艺考后录取的专业美术系，也有面向社会提供的短期绘画技能学习班。

了解相关情况之后，晨晨参加了技能学习班。但是听了一节课之后，他发现，这个课堂的职业化气氛太浓了，周围的很多同学是在职人员，想要充实自己或者丰富自己的业余生活。晨晨觉得在这样的课堂上不能学到自己想学的专业基础知识。

然后，在老师的建议下，晨晨决定回到高中继续学习，一年以后参加艺考，到时以艺考生的身份来到这所学校深造绘画专业。虽然这不是阿秀的初衷，但是毕竟孩子同意回到学校，这让她很欣慰。

随后，晨晨回到学校读书，心中有了目标，再也不提不想上学的事情了。虽然一年之后晨晨的考试成绩并没有达到这所绘画学校的录取标准，不过执着的晨晨坚持复读了一年，第二年如愿以偿，开开心心地去追逐自己的绘画梦想了。

阿秀和晨晨的例子让我们看到，很多时候孩子表面上的叛逆和抵触，并不意味着真的无法沟通，而是由于家长没有以正确的心态和态度面对孩子。沟通困难的症结不在于孩子，而在于家长。孩子不是没有梦想，而是不愿接受家长强加给他们的梦想。如果家长拒绝以平等的身份跟孩子沟通，那么孩子就会关上沟通的大门，宁可封闭自己，与家长对立，也不肯轻易妥协，这才是绝大多数家长与孩子沟通困难的症结所在。

因此我们可以说，亲子沟通的难点不在于孩子，而在于家长。要知道，一个人的认知与他的生活经历息息相关，并不是三言两语可以改变的。作为家长，不要觉得自己在与孩子的沟通上做到了"苦口婆心"，就是正确的、合格的沟通，这种想法是大错特错。对于孩子来说，如果身边最亲的人只会通过辩论或者争吵的方式与自己沟通，无疑是让自己整日生活在屈从之中，这让孩子感受不到自我的存在，甚至会产生绝望情绪。

所以，家长一定要从根本上转变与孩子沟通的理念，首先从平等的角度了解孩子，尽量让他们自己去经历，然后让经历扭转他们的看法。这样的方式，无论对家长还是孩子，都是一个加深了解、增进感情的过程。作为家长，如果真的努力这样做了，就会发现，与孩子之间的亲子沟通，其实并没有那么难。

1.2 你说的"道理"，孩子听不懂

对于很多家长来说，"讲道理"是他们喜欢的一种教育方式，而且中国父母一向比较推崇说教。但是随着教育理念的更新和发展，以及孩子对于世界的认知手段的丰富和认知速度的加快，家长们渐渐发现，讲道理对于很多孩子来说，变得不那么有效了。一个令家长不安的事实开

始摆在家长面前：家长越喜欢说教讲道理，孩子往往越不听话。

有位家长在与其他家长交流时说，她 8 岁的儿子特别不听话，有的事情说了不让做他偏去做，为此她经常苦口婆心地给孩子讲道理，动之以情，晓之以理，结果往往以失败而告终。为此，他们两口子没少跟孩子生气，有时候甚至忍不住动手。虽然他们知道打骂孩子不对，但实在不知道该怎么办。

比如，最近发生的一件让她十分头疼的事情：家里住的是多层小区的 4 楼，没有电梯。因为是新房，小区设施质量很好，楼梯扶手是木质烤漆的，很美观，手感也很好。她的儿子不知道什么时候瞄上了楼梯扶手，每天上楼没事，但凡下楼，必定要侧身坐上扶手，一路像坐滑梯一样滑着就下去了。家长看得心惊胆战，儿子却乐此不疲。为此，她几乎天天都要数落孩子一顿，可是孩子就是不听，要么千方百计地脱离她的视线照滑不误，要么虽然不坐在扶手上滑下去，但也不肯好好下楼，而是用一条胳膊搭在楼梯扶手上往下滑，搞得衣服穿一天就脏了。

这位家长还特意强调说，她和孩子的爸爸都是开明的家长，比较尊重孩子，即便怎么说孩子都不听，他们也没有动手打骂过孩子，甚至怀疑自己的孩子天生就不如别的孩子懂事……

后来，交流群里的一位专家告诉这位家长，讲道理并非任何时候都是管用的万能良药，既然已经发现讲道理没用，为何还要固执地坚持呢？家长完全可以换一个思路解决问题。比如，告诉孩子，楼梯扶手有灰尘，会把衣服弄脏，家长洗衣服很辛苦。这时可以带上抹布，每天跟孩子一起把楼梯扶手擦干净。这样做首先不会导致孩子产生抵触情绪，因为你并不是禁止他，而是帮助他。其次，扶手擦干净了，孩子的衣服也不那么容易脏了，还算是为小区做公益，对孩子来说是一次很好的体验。最后，有了前边的铺垫，孩子没有了抵触情绪，家长再从安全的角度告诉他应该注意不要受伤，让孩子意识到这种行为是有危险的。

其实，孩子能听懂大道理，关键是家长要用孩子"懂"的方式给孩子讲。比如，家长自己要先做得有道理，这比说得有道理重要得多。在家长对孩子日常的教育过程中，讲道理不是一种"告知"和"被告知"的关系，而是一个在孩子心中建立观念的过程。换句话说，要想让孩子"明白道理"，家长不要仅仅把道理通过口头告知孩子，还必须要让孩子在日常生活中有切身的体会和实践，否则任你巧舌如簧，孩子依然对你讲的道理不闻不问。

那些生活在家长喜欢讲道理的环境中的孩子，很容易丧失倾听的兴趣，在成长的过程中过于强调自己的防御心理，这在心理学上被称为"道理免疫力"。哪怕是家长讲的这个道理本身很有道理，确实应该虚心接受，孩子依然会从潜意识里本能地排斥，更有甚者，故意去做一些与之相反的事情。而且，家长长期对孩子说教，从某种程度上会导致孩子不能对一件事进行深入的思考，失去正常的判断力，这对孩子的成长极其不利。此外，这还容易让孩子变得苛刻，丧失理解、体谅他人的能力，成年之后甚至会产生社交障碍。

法国著名思想家、教育家卢梭说过，世界上有三种对孩子不但无益反而有害的教育方法，即讲道理、发脾气、刻意感动。很难想象，卢梭在百年之前就能够总结出当今许多家长依然在犯的错误，我们身边的大多数家长在教育孩子时，最擅长的方法恐怕就是这三种吧。

可能不少家长会质疑，甚至感到困惑：平时教育孩子，讲道理不起作用的话，父母要么发脾气教训孩子，要么举例子感动孩子。难道还有更好的方法吗？

答案是肯定的。对于孩子来说，讲道理并非行不通，而是因为父母没讲好。作为家长，在给孩子讲道理的时候，一定要注意以下两点：

第一，给孩子"讲道理"并非是一种说话技巧，而是发自内心的阐述。语言所到之处，应该是一个人观念的所到之处。不要觉得给孩子讲道理的方式最重要，其实孩子很聪明，能够感受到家长是否心口不一。家长们不妨静下心来想想，自己在给孩子讲道理时，是否因为存在某些功利倾向而口是心非？

第二，对孩子来说，教育的真谛是让他们完善自己，成长为有内涵、有思想的人，因此家长要有思想的深度和认识的高度。有些家长喜欢给孩子讲一些所谓的人生钻营道理，力图让孩子学会小钻营、小算计，却学不到大胸襟、大情怀。这样的"道理"，实际上是在拉低孩子的层次，束缚他们的发展。对于这样的家长，我只想说，如果自己的高度不够，不知道该如何讲，那么就不要给孩子讲道理，至少沉默比胡说要好得多。

总而言之，"言传身教"是最好的教育。当今的家长要时刻把这句话记在心中，要让孩子明白道理，并不只有说教一种方法，而应针对孩子的具体情况、具体年龄段、具体心理发展阶段等，找到适合自己孩子的教育方法。否则，即便你的道理讲得天花乱坠，孩子也根本听不进去，也听不懂，无法起到教育的作用。

1.3 没有尊重，何来沟通？

尊重永远是打开一个人心扉最好的钥匙，对于孩子更是如此。如果家长在教育过程中只是一味地强加管制、粗暴命令，那么只会让孩子关上沟通的大门。反之，给予孩子说话的权利，尊重孩子的意见，用孩子能够理解的语言与他们耐心沟通，脱下"高高在上"的外套，才是一个成功的家长。

如今，很多家长有这样一种心态：现在的孩子是最幸福的，他们要吃有吃、要穿有穿，娱乐消费丰富多彩，在学校里接受正规的教育，在家里更是有长辈和亲朋好友的呵护与关爱，过的简直就是神仙一般的日子。面对这样的孩子，家长喜欢用"忆苦思甜"的办法教育："看看我们小时候，哪有你们这么幸福！那时候吃个蛋糕，一年只有生日那一次！你看看你们现在，每天大鱼大肉的，你可要知足啊！"

然而，孩子的心里是怎么想的，家长是否明白？答案一定是否定的。因为绝大多数家长并没有打算给予孩子申辩的权利，孩子刚一开口发表不同意见，家长就会说："这样还不知足呢，我看你必须要好好反思一下了！"

这样时间久了，孩子与家长的距离越来越远，隔阂越来越严重。在很多孩子的心目中，家庭生活中与家长的沟通变成父母的"一言堂"，凡事只有家长有权发表意见，自己只能被动接受。在这种氛围下，越来越多的家长发现，孩子跟别人都可以沟通，对着自己的父母却沉默寡言。这一切，都是"一言堂"的家长造成的。

在同学的眼中，玲玲性格开朗，聪明活泼。然而，玲玲的家长却认为她是一个性格内向、很少说话的女孩。这是因为平日里父母对玲玲总是爱理不理，而且会自作主张地替玲玲说话。比如，母亲和玲玲在路上碰见熟人，熟人总会问玲玲一些问题，每次玲玲正要开口，母亲已经替她回答了。渐渐地，再遇到外人时，玲玲就不怎么说话了。

正因如此，在家长和亲朋好友的眼里，玲玲的性格很内向。但是在玲玲的心中，自己并非如家人眼中那样内向，而是在和父母的沟通中存在很多问题。比如，玲玲问他们问题得不到解答，和他们讨论得不到认可等。忽然有一天，玲玲认真地对父母说："爸，妈，咱们吃完饭好好聊聊，好吗？我希望我们能够坐在一起，平等地对话。"

简单的一句话，却让玲玲的父母听得目瞪口呆。他们互相看了一眼，然后异口同声地说道："这孩子是不是出了什么问题？"

为什么家长会有这样的疑问？正是因为他们和玲玲之间太缺乏沟通，根本不了解自己的女儿，女儿的心思、性格、爱好等，对他们来说都是一片空白。也许在无形之中，家长也把自己当作女儿的"代言人"和"代办人"，习惯了说一不二和包办，听到孩子要求平等，自然会大惊小怪。

像玲玲这样的孩子，现实中还有很多。家长并不了解，随着孩子年龄的增长，心理发育的逐渐成熟，他们需要的不只是物质生活上的满足，更希望家长能够正视自己的成长，尊重自己的话语权，以平等的态度与自己沟通，这是更高层次的精神需要。

正因为许多家长看不到这一点，当无法与家长进行平等交流沟通时，孩子就会出现严重的失落感和缺乏交流的压抑感，从而产生种种心理问题。"凡事家长说了算"，当孩子对家长下了如此定义，他们自然不愿意对家长吐露心里话，彼此间仿佛隔了几千公里的距离。

生活中，总会有那么一些父母，在孩子面前喜欢高高在上，不允许孩子发表自己的意见，不屑于了解孩子的内心世界，这就会让孩子产生"跟他们有什么可说的"或是"说了他们也不会明白""说了也是白说"之类的想法。

无论什么时候，两代人之间真诚、平等的沟通，才是最好的亲子教育方法，才是最有效的教育手段。要想提高亲子沟通的质量，家长需要尊重孩子相对脆弱的自尊，时刻满足他们日益强化的"成人感"，正视他们人格的独立性。相反，那些在日常生活中总板着脸的父母，只会与孩子渐行渐远。

那么具体到日常生活中，家长应该如何去做呢？

首先，从日常生活细节做起。比如，家长要尽量以轻松的口吻与孩子交流。想要尊重孩子，父母的言行必须落在实处。与孩子交谈时，如果孩子的观点正确，父母就不要再端着架子，而是可以以轻松的口吻对他说："对不起，是妈妈错了。""爸爸要向你学习。""你比妈妈做得还好！"即使是孩子错了，你也不妨轻松一点，对他说："哈哈，孩子你可说错了！再想想看，事情是不是这样的？"

其次，不要总拿自己的"经验之谈"去压制孩子的辩解。孩子说话、做事难免出错，这种时候，他总想维护自己的面子，从而出现一种保护自我尊严免受伤害的心理倾向。所以，面对出错的孩子，父母不要以高明者自居，指责他笨拙、糊涂、愚蠢，对他说"这点事也做不好，想当年爸爸像你这么大时……"之类的话。

这种"经验之谈"，只能让孩子感到"被歧视"，认为父母看不起自己。正确的做法应当是以平和的口气，巧妙地指出孩子的错误，帮助他分析事理，弄清是非。父母千万不要伤害孩子敏感的自尊心。

最后，很重要的一点就是，家长一定要学会及时地赞扬孩子。每当看到孩子独立完成了一件事后，父母不要对此轻描淡写，让孩子感到父母不珍惜自己的努力成果，而应该及时运用微笑、点头等行为动作，对他的行为表示赞同。同时，还可以说上一句："孩子你真棒！"从而让孩子感到："原来我这么厉害，不然爸爸妈妈怎么会赞扬我呢？爸爸妈妈真是我的好朋友，我爱他们！"

总而言之，家长应该学着尊重孩子，平等地对待孩子，防止亲子关系疏远。此外，家长还应当多跟孩子说些他们感兴趣的、关心的事情，善于抓住孩子话语的含义，即便他们说得不准确或不全面，家长也要认真倾听，尽力地理解他们，让孩子觉得你是真正重视他们的，这样孩子才愿意与家长坦然、真诚地沟通。

1.4 给孩子一个"申辩"的机会

大概许多家长会有这样的体会：随着孩子年龄的增长，他们在家长面前不再唯唯诺诺，总是想要表达自己的意见，尤其是到了叛逆期的孩子，巴不得每句话都给你顶回来。这是很多家长在教育孩子时面临的非常让人头疼的问题。的确，孩子顶嘴是让人伤脑筋的事，很多家长深有感触地说："儿大不由娘啊，孩子越大越不听话，现在居然顶起嘴来了，你说好，他说坏，你说白，他偏说黑，你说他一句，他有十句等着。有时纯粹是跟你过不去，把你气得七窍生烟。自己有时实在控制不住怒气，又没有别的办法，只好给他点颜色看看！"

这些家长嘴里的"给他点颜色看看"，无非就是把孩子骂一顿、打一顿。其实，打骂孩子树立不了家长的威信，更谈不上能教育好孩子。大量的事实证明，这样做只能事与愿违。

到晚上睡觉的时候，萱萱还不想睡觉，窝在沙发上看电视。妈妈多次提醒她时间太晚了，可是萱萱却还嚷嚷说："我不困，不想去睡觉。再说，今天是周末，就让我再看一会儿嘛！"

这时，妈妈的耐心已经用光了，便生气地关掉了电视机，骂道："你这孩子真不听话，以后再这样，就永远别看电视了！"

妈妈以为自己的话会起到一定的效果，结果萱萱却也闹起了倔脾气，说道："哼！我又不是三岁小孩子，你以为这样能吓到我！"

妈妈顿时更加生气了，随后就给了萱萱一巴掌，结果母女两人的矛盾就开始了！

其实，类似的故事，在许多家庭里都发生过。好多父母这样抱怨：孩子学会顶嘴了。有的父母甚至会这样想："这孩子是不是变成了叛逆的问题孩子？"

其实，小孩子顶嘴，根本没有父母想象得那么"恐怖"。学界已经指出，当孩子有了自我意识以后，处处会想到"我"，他们会认为："我是天下第一，谁都不如我。"但他们表现自己能力的"手段"又不那么"丰富"。如果大人只是一味地指责他们的错误，而不给他们"申辩"的机会，他们就会用愤怒的情绪来宣告独立的自我意识，其表现就是同大人顶嘴。

所以，孩子顶嘴并不是藐视家长，他们只是靠一张"刀子嘴"让大人们感到愤怒或悲伤，让自己有一种力量感和存在感。既然如此，当父母遇到孩子顶嘴、不听话时，请不要动怒，一定要静下心来与孩子沟通，给他们一个"申辩"的机会。只要孩子把心里话说出来，我们就一定会找到更好的教育方法，让孩子以全新的态度热情地拥抱生活。

面对顶嘴的孩子，父母首先要保持情绪的平稳，然后及时和孩子沟通，鼓励他们说话，尽量引导孩子把真实的想法说出来，以便找出问题症结，找到教育孩子的最佳方法。

我们不妨来看看另一个例子：

小刚是一个顽皮的男孩子，每天都把衣服弄得脏兮兮的，不是摔得一身土，就是把彩笔水弄得满身都是。回到家之后，他还随手把脏衣服扔在沙发上，然后就窝在那里看电视、玩游戏。

为此，妈妈没少训斥他，"你这孩子，和你说多少遍了，不要把衣服弄脏，要把脏衣服放进洗衣篮里，可你怎么就是不听呢！""真是太气人了！难道你不知道妈妈洗衣服、打扫卫生很累吗？"

可每次小刚都满不在乎，想怎么做就怎么做。妈妈说急了，他就噘嘴说："我知道了，你不要每次都唠叨，好吗？"这让妈妈感到非常头疼，不知道怎么面对孩子的"不听话"和"顶嘴"。

一次，妈妈回家之后，又看到小刚把脏衣服乱扔到了沙发上。她刚要发火，可想到了之前的教训，便深吸了一口气，换一个口气说："宝贝，如果你能帮我把衣服拿到洗衣篮，我会谢谢你的!"

小刚没有想到妈妈会这样说，态度也好了很多，立即按照妈妈说的做了。之后，妈妈学会了控制自己的脾气，而小刚再也没有顶过嘴，还改正了很多不好的习惯。

所以，面对顶嘴的孩子，父母应当保持内心的平稳，听听孩子的心里话。只有这样，才能明白孩子为什么要顶嘴，然后"对症下药"。

当然，家长对于孩子的宽容要有一个度。如果孩子的行为越过了正常的界限，家长也要及时表明自己的态度。比如，孩子在家的言论过于自由，甚至还吐出了脏字，这时家长应当立即给他明确的提醒："父母给孩子表达的自由是互相尊重的体现，但自由绝不包括说脏话。"这样的态度会让孩子明确地知道，他在家长面前有申辩和表达的自由，但绝不能放纵，至少要有保持礼貌的底线。家长也要多给孩子灌输礼貌待人的观念，让他明白不管是父母还是外人，都更喜欢讲话有礼貌的孩子!"

宽容对待孩子，给孩子在父母面前"申辩"的机会，并不是鼓励孩子顶嘴，而是宽容孩子的不成熟，理解孩子的心理发育状态，用宽广博大的爱抚慰他们的心灵。这种做法有说教和惩罚都不具备的力量。只有懂得宽容的父母，才能教育出礼貌的孩子，才能真正与孩子"亲密无间"。

从另一个角度说，真心为孩子好的父母，应该把孩子当成一个有思想的独立个体，尊重他们说话的权利，鼓励他们表达出内心的想法。只有平等、民主的家庭,才能养育具有独立意识、乐观积极的孩子,而专制的家庭只能培养出唯唯诺诺的庸才。

所以,称职的父母永远不会打压孩子说话的欲望,而是会鼓励他们说出自己的想法。只有这样,孩子的思维能力才能迅速提高,不至于畏首畏尾或随波逐流。同时,孩子也会尊重父母,感到与父母在一起很快乐。关于成为怎样的父母,拥有一个怎样的家庭,相信你已经有了自己的选择。

1.5　与孩子分享自己的喜怒哀乐

父母和孩子之间的关系是世界上最为亲密的关系,有理由来分享彼此的喜怒哀乐。父母要主动地在孩子面前敞开心扉,将自己的喜怒哀乐传达给孩子,让他们获得父母的信任,这样他们就会更加尊重父母。

父母和孩子分享自己的喜怒哀乐,会带给孩子良好的情感体验,使他们自觉地和父母分享他们的喜怒哀乐。这样一来,就会建立无障碍沟通的良好氛围。

雅雅妈妈一进门,就看到孩子正在看电视,而没有写作业,脸色立即沉了下来,说:"你怎么还在看电视,为什么不写作业?"

雅雅感到非常奇怪,因为平时自己也是先看半个小时电视,然后再写作业的——这是自己和妈妈定下来的规矩。转念一想,雅雅觉得妈妈肯定是遇到不高兴的事情了,便关心地问道:"妈妈,你今天怎么了?

是不是谁惹你不高兴了?"

这时,雅雅妈妈才发现自己迁怒孩子了,便不好意思地说:"对不起,雅雅。妈妈今天遇到一些问题,并不是冲你发火。"

雅雅笑着说:"没关系,妈妈。虽然我没有办法帮你解决问题,可是我可为你解忧啊!就像你平时为我分忧一样。"

听了雅雅的话,妈妈感到非常欣慰,于是说起了自己遇到的不开心的事情。原来妈妈路上与人发生了剐蹭,那人有错在先,却还蛮不讲理。听了妈妈的话,雅雅满不在乎地说:"哎呀!妈妈,我们不能和那样的人计较,这叫大人不计小人过!"

看雅雅像个小大人一样安慰自己,妈妈的情绪立即好了起来。

在现实生活中,我经常会听到很多父母抱怨孩子不理解自己。事实上,并不是孩子不理解我们,而是我们自己关上了和孩子沟通的大门。比如,孩子看见父母闷闷不乐,可能就会问父母为什么不开心。可是父母的一句"大人的事情,小孩别管",将孩子的关心硬生生地推开了。再遇到类似的情况,孩子就会想:那是大人的事情,和我没有关系。

案例中,雅雅妈妈的做法很恰当。她适时地向孩子分享了自己的不开心,不但让不良情绪因为孩子的懂事而消失,而且通过分享的方式,拉近了彼此之间的关系,这对她和孩子来说,就是一次良好的无障碍沟通。

身为父母,我们要向舒雅妈妈学习,坐下来和孩子分享自己的喜怒哀乐，这不仅会减少自己的烦恼，而且也会让孩子感受到来自父母的尊重和信任。同时，当孩子遇到困难时，也会自觉地向父母倾诉。这样一举三得的事，何乐而不为呢？

当然，与孩子分享自己的喜怒哀乐，是有一定的技巧的。比如，我经常听见同事说她晚上回到家，想与孩子分享自己的心事，于是兴奋地对孩子说："我今天被评为优秀员工了。儿子，你妈妈厉害吧？"本想获得孩子的夸奖，没想到，孩子冷静地说："妈妈，我今后会比你更厉害。"再如，有一天同事因为和别人闹了别扭，想和孩子好好倾诉，可是孩子却说："妈妈，我正在看电视呢，你去找爸爸唠叨去。"

为什么会出现这样的情况？很多时候是因为父母没有好好观察孩子。当父母和孩子分享喜悦的时候，孩子可能正在为一道数学题而发愁，而你只顾自己高兴，忽视了他的感受；当你想和孩子说你的烦心事的时候，电视上播的可能正是某档直播节目，孩子错过了就看不了了……所以，父母在和孩子分享喜怒哀乐时，最好先观察一下孩子的喜怒哀乐。孩子心智不成熟，不能很好地处理各种问题，所以他的喜怒哀乐更为重要。

比如，孩子情绪不好，那么父母就不要分享自己高兴的事情了；而孩子正处于兴奋的状态，那么父母就不要说一些伤心的事情了。试想，孩子考试考砸了，你却说要和孩子庆祝自己升职，那么孩子的情绪怎么能不产生波动？心理怎么不产生强烈的落差？

和孩子分享自己的喜怒哀乐，不是父母和孩子沟通的最终目的，最理想的沟通效果应该是通过和孩子分享来产生情感共鸣，促使孩子说出心里话，及时发现孩子的问题，帮助孩子解决问题。因此，"察言观色"，巧妙地选择和孩子分享喜怒哀乐的时机，是极为关键的。

"分享"并不难，一句话，一个眼神，就是分享。生活中，懂得"分"的父母是明智的，懂得"享"的父母是快乐的。而父母的"分享"的回报，也是丰厚的。孩子会因为你的分享体会到父母对他的重视，并在父母的分享中学会体谅别人，将来也能更好地为人处世。

1.6 与时俱进，跟上孩子的"节奏"

一提到与孩子沟通，相信很大一部分家长首先要大吐一番苦水：如今的孩子，小小年纪接触的事物太多了。哪像咱们小时候，精神生活非常有限，小伙伴们的话题翻来覆去也就那么几个，到哪儿都差不多。如今呢？电视节目层出不穷，网络文化更新的速度快得惊人，孩子们每天回家，嘴里都要蹦出几个家长从未听过的词，常常搞得我们一头雾水。不要说沟通了，有些时候想听懂孩子说的话都很难！

诚然，在信息爆炸的时代，这个问题确实是所有家长都要面对的。知识更新节奏太快，一不留神就会落伍，什么网络热词、流行典故等，都可能变成家长与孩子沟通道路上的拦路虎。没办法听懂孩子说的话，自然就没有办法融入孩子的世界，沟通起来就会费劲得多。再加上一些父母不善于学习，不愿了解新鲜事物，不仅跟不上时代步伐，也得不到孩子的理解。这是摆在家长面前的一道难题。

随着社会节奏的加快，现实的压力让许多家长深感焦虑，"不让孩子输在起跑线上"成为教育孩子的"最高纲领"。很多家长不仅给孩子报了一个又一个的学习班，而且在日常生活中也一味地给他们灌输考好大学、选好专业的思想，往往忽视甚至冷漠地对待孩子学习之外的生活与沟通需要。这种态度通常是导致家长与孩子之间出现沟通鸿沟的罪魁祸首。在某些方面，孩子在成长，家长的成长脚步却落后了，对新的流行语、流行元素、流行话题以及孩子谈话的笑点，作为家长完全没有头绪，却仍然每天唠叨个没完，这必然会导致孩子与家长之间的关系逐渐僵化，代沟越来越深。

不久之前，我在聚会上听到一位熟人在诉苦，说自己18岁的女儿如今跟自己简直是两个世界的人。她的女儿平时和同学打电话或上网聊天的时候，总是说一些让她听不懂的话。比如"我心情不好，先上街'暴走'去了……""今天对某某人路转粉了……""又跟某某友尽取关了……"

这位一头雾水的妈妈虚心地向女儿请教后才知道，"暴走"是"心情不好的时候到外面闲逛"的意思，"路转粉"是说路人转变为粉丝，"友尽取关"是指跟某个人的友情走到了尽头，从此以后不再互相关注……

这位妈妈听了女儿的解释，简直像刘姥姥进了大观园，用她现学现卖的话来形容，就是："女儿口中的这些新鲜词汇简直是让我'脑洞大开'，如果再不去补充点新词汇，可能最终与女儿就要'友尽取关了'。"

她的倾诉让大家忍俊不禁，不过开心一笑之余，许多家长觉得这确实是一个需要我们直面的问题，因为他们都有着切身的体会。

新传媒时代，网络语言流行，许多家长平时极少上网甚至不上网，总觉得孩子嘴里那些"友尽""脑洞""老铁"之类的词是些油嘴滑舌的腔调，对此不屑一顾。而孩子们则觉得父母索然无味，平时只会唠叨瞎操心。这样相处久了，家长再想跟孩子坐到一起聊聊天，都变得不可能了。孩子宁可与同学、网友聊得火热，也不愿对自己的父母送上一个笑脸。

很多家长面对这样的现状都感到无可奈何，深刻体会到"不是我不明白，而是这个世界变化快"这句话。很多家长认为，再不正视、学习这些新潮词汇，跟上孩子的"节奏"，必定会和孩子产生难以沟通的代沟。

传统的语言文字比较正规，网络用语并不像普通语言那样在语法、词汇的运用上十分严谨。可是从网络或生活中衍生的一些语言，除了随意成分很大之外，在某种程度上更加能够贴近孩子们的内心世界。在当今这个信息爆炸的时代，每年都有成百上千个新词出现。所以，作为家长，如果不了解这些新词，就无法进入孩子们的内心世界，更无法去了解他们的想法。因此,家长在面对这些新词时,不应抵触和逃避,而应主动学习,积极面对,这有助于与孩子进行更好的沟通。

从家长的角度来说,生活中首先要避免因为孩子口中的这些流行词汇而与孩子对立。很多家长听到孩子这样讲话,第一反应往往是:"从哪儿学来的怪话?就不能好好说话?"这些家长显然没有意识到,只有和孩子们进入共同的话语空间,才能更好地交流,更容易进入他们的内心世界。那么,应该如何去做呢?

首先,多去了解新媒体,多关注新事物。我曾看到有一位上初二的女生很开心地在社交媒体上发文说,她的爸爸是世界上最好玩的老爸,经常主动向自己学习网络流行语言。她也非常愿意给老爸讲解,然后两人一起用这些流行词汇沟通和开玩笑。她觉得,这"非常有助于增进彼此的理解,促进家庭的和谐"。而且,她为有这样一个"与时俱进"的老爸而骄傲。

其次,主动地和孩子说心里话,尽可能地与孩子建立一种朋友般的关系。只有如此,家长才能知道平时孩子心里在想什么,在关注些什么,与孩子在一起时才有的聊,才能让孩子愿意与你聊。

最后,从家庭氛围入手,尽量养成家庭成员坐在一起聊天的习惯。虽然家长平时工作比较忙,但是最好每天抽出一些时间,一家人坐在一起聊聊天。这不仅可以引导孩子养成倾听与倾诉的习惯,还可增进家庭成员之间的关系,使每个家庭成员都更善于倾听,家庭气氛更加和谐。

总而言之，作为新时代的家长，要有意识地跟上时代的步伐，与时俱进，从而跟上孩子成长的"节奏"。如果每一位家长都能够做到这些，自然就不会再觉得与孩子沟通是一件很难的事了。

1.7　倾听是获取信任的第一步

日常生活中，很多家长白天在单位忙了一天，晚上回到家常常还要思考工作上的问题。这个时候，如果孩子在跟前不停地问东问西，许多家长往往会显得非常不耐烦，甚至无端地斥责孩子："等会儿再说吧，你没看到我很忙吗？"一句看似随意的话，实际上对孩子的伤害是很大的。因为家长的这种态度等于是完全拒绝了孩子交流的诉求，这会让他们感到被轻视，甚至有些个性强的孩子，还会因此产生叛逆情绪，从此不服家长的管教。

家长以"忙"为借口，实质上反映了这样一种问题：不会倾听孩子内心的声音。很多家长不明白，倾听是家长的必修课，是让孩子健康成长的不可或缺的一课。对孩子来说，家长的关注就是他成长的动力。如果家长不愿倾听孩子说话，吝啬于给予他关注，他就会像没有充足养料的植物一样没有活力。这样的孩子，如何成为"好孩子"？如何健康地成长？然而，在现实生活中，很多家长不会倾听，他们只会责怪孩子不听话，并大倒苦水：他到底在想些什么？为什么什么事都不肯告诉我？

其实，家长要想让孩子把心门打开，窥探他们的内心世界，就得放低姿态来倾听孩子的心声。只有家长做到了这一点，孩子才更容易感受到来自家长的关爱和家庭的温馨，从而对家长更加亲近和尊敬，把自己的想法告诉家长。

小薇与女儿月月一直保持着一个习惯——聊天。从月月上幼儿园起，小薇接她回家路上的彼此问答，就是她们进行聊天的"固定节目"。月月总是爱把幼儿园或学校里发生的一些有趣的事讲给妈妈听，小薇也同样会把一些事情讲给女儿听。十几年如一日，母女二人一直坚持着适时的沟通。每当这时，她们就充当对方的忠实听众，等到对方把不开心的缘由讲完，才开始安慰对方，尽量想办法在到家之前让对方开心起来。通过这样的沟通，小薇真正了解了女儿的内心世界和情感需要，而她的女儿月月也因此顺利地度过了让一些家长头疼的幼年和少年时的两个叛逆期。

看了这个故事，你不妨联想一下自己：当孩子主动向你倾诉的时候，你可曾像小薇一样放下手中的工作，让孩子畅所欲言，把心中所想的都说出来？

有时候，孩子也会像大人一样，一时想不开，并为此过度焦虑。这时，他们的内心很渴望有人为他分担一些痛苦，于是会选择对家长吐露心事，希望得到家长的支持和鼓励。所以，千万不要因为你的忙碌而忽略了孩子渴望被聆听的需要。也许你关上耳朵一次，孩子的心门就永远不会再为你打开。

倾听是一种美德。作为家长，当你认真地看着孩子的眼睛，认真地听他把话讲完，这本身就是对孩子的一种尊重，是一种爱的表达。而你的耐心倾听，可以有效地化解孩子心中的烦恼和压力。试问，有哪个家长不希望自己的孩子快快乐乐呢？既然如此，家长就要学会倾听，善于倾听。

除此之外，还有一点需要家长注意：在孩子对家长倾诉自己的想法和需要的时候，他们的语言表达能力和逻辑思维能力也得到了很好的锻炼。儿童成长方面的相关研究表明，人类的表达能力在 12 岁之前就形成了。在这之前，家长应该给孩子充分表达的机会，以锻炼他们的表达能力和合理情感诉求的能力。否则，12 岁之前不被允许表达的孩子，过了这个年龄，表达的欲望就会减弱，从而导致孩子内向、孤僻，严重者甚至会出现自我封闭，影响孩子的身心健康。

媒体上曾经报道，一个男孩说自己被"心脏病"折磨了七八年，但是经过多方检查，结果都显示他并没有心脏病，他的身体非常健康。最终，心理学家找到了他的病因。原来，这个孩子的家长是大忙人，从小就把他一个人留在家里。当他想和爸爸妈妈说话时，家长都说忙，根本就不听他的。只有在他生病的时候，妈妈才会放下手头的工作，陪在他的身边说几句话。所以，他想让妈妈听自己说话的时候，就故意装病，谎称自己心口疼。

应该说，这个男孩属于得不到倾诉对象的典型。他倾诉的需求得不到满足,所以就故意装病,以此来引起家长的注意。由此可见,倾听孩子讲话是多么重要。抽出一点时间其实没有那么难,就看你愿意不愿意。

日常生活中,家长不要觉得孩子还小,就忽视他们内心世界的感受。其实,孩子也有丰富的内心世界,跟大人一样,喜悦时想要分享,苦闷时需要倾诉。很多时候,孩子遇到不顺心的事,情绪需要排解时,往往就会在家长面前发牢骚。这时如果家长不耐烦,就会加重孩子的压抑情绪;相反,如果家长能够认真地听孩子把话说完,那么孩子就会因为得到理解而使情绪有所缓解。

西方有这样一句谚语:上帝赐给我们两只耳朵,一张嘴巴,目的就是要我们少说多听。沟通对于人与人之间的交流、认识和理解都是不可或缺的,但沟通不只需要用嘴去说,更需要用耳朵、用心去听。当你认真倾听孩子说话时,不需要讲更多的大道理,因为他们在说的过程中,自己就会领悟一些道理。

而且,如果家长能够在与孩子沟通的时候认真倾听,这种姿态本身对孩子来说,就是一种尊重。否则,如果家长在与孩子沟通时敷衍了事,本质上就是在伤害孩子。没有谁喜欢自己在说话时听者无动于衷,这样会严重打击一个人沟通的积极性,孩子自然也不例外。所以,如果孩子主动地倾诉他遇到的一些情况或者对一件事有某些想法的时候,家长一定要表现出对他所说的话的兴趣。比如用眼睛注视着他,说:

"哦？什么事啊，说来听听吧！""真的是这样吗？接着往下说，爸爸在听！"或者把手中的事放下，对孩子做出一个夸张的表情，用惊讶的口吻对他说："真的吗？"这个时候，孩子的心里就会产生一种"爸爸妈妈很愿意听我倾诉"的感觉。

其实，与孩子沟通的小技巧有很多，家长可时不时地采取其中一种或者几种方法和孩子交流。相信这样做了之后，你会发现孩子更加喜欢你了，有什么事也喜欢向你倾诉。倾听的过程本身，对于家长而言也是一种收获和成长，因为家长在倾听的过程中，更加贴近孩子的内心世界，使得亲子之间的沟通更加愉悦和简单。

除此之外，作为家长还要明白，要想让孩子更加乖巧、懂事，拥有更好的语言表达能力和逻辑思维能力，首先得亲近孩子，倾听孩子，这是获取孩子信任的第一步。那么，从今天开始，你不妨试着克制一下自己，改变一下自己，无论在何种情况下，都不要拒绝孩子的倾诉，做一个会倾听的家长。相信用不了太久，你就会发现，孩子有了令人惊喜的改变！

1.8 做孩子的朋友，而不是"管理员"

生活中，我们身边的很多父母在谈及自己的孩子时，总会有这样的烦恼："这孩子，小时候吧，跟你亲得不得了，巴不得什么事情都告诉你，现在可倒好，放学回家就钻进自己的房间，除了吃饭，基本不跟父母打照面。平时不管是生活上还是学习上的事情，问三句回一句，简直是惜字如金，好像处处躲着父母。我就想不明白了，父母真的有那么可怕吗？"

其实，这样的问题在青春叛逆期的孩子身上非常普遍，而问题的根源往往是在家长身上。换言之，孩子们的"躲"并没有错，这是因为家长总是摆出一副高高在上的样子，这怎能不让孩子感到畏惧？孩子尊敬你们，但却无法理解你们，因为他们需要的是一个可以帮助自己，能让自己不必有压力的好朋友，是一个可以在一起说说心里话的好朋友。

征征的爸爸是生意场上的成功人士。在朋友眼里，他雷厉风行，做事果断，是一位非常有魄力的企业掌舵人。而在征征的眼里，他是一个十分"严厉"的爸爸。因此，征征在爸爸的面前总是有些胆怯，觉得爸爸说的每一句话都是那么严厉，生怕自己哪句话说得不对，惹爸爸不高兴。

这天傍晚，难得有时间休假的爸爸带着征征到小区广场上散步。广场上有人在卖孩子玩的闪光陀螺，征征看到有不少小朋友在玩，自己也想玩。但是平时爸爸极少带自己出来玩，征征也不知道爸爸会不会同意给自己买一个，想要又不敢说，站在那里看一会儿陀螺，就偷瞄一眼爸爸，脚步再也迈不开了。

其实，征征的爸爸一到广场就看到闪光陀螺，觉得挺好玩的，征征应该会喜欢，想要给他买一个，可是看到征征一副想要又不敢开口的胆怯模样就觉得来气。"你想玩陀螺就直说，又不是哑巴，你不说别人怎么会知道你的想法？"说完，他就给征征买了一只陀螺。

虽然被老爸说了一通，但拿到闪光陀螺的征征还是很开心。他在广场上快乐地跑了起来。征征爸爸在一旁看着孩子开心地飞奔，突然意识到，好像记忆中孩子从来没有这么开心地笑过。这时候，征征转过头大声地喊道："爸爸，你怎么不来玩陀螺？我好想和爸爸一起玩呀！"

从来没有这样跟儿子一起疯玩过的爸爸，一开始觉得有点不太习惯，因为他觉得陀螺是小孩子才玩的。但是征征此时早已忘记了对爸爸的"恐惧"，他快乐地奔跑着，一遍遍地呼喊着"爸爸"，终于让爸爸站起身来脱下外套，加入奔跑的队伍。这天晚上，征征玩得格外开心，征征爸爸也彻底放松了一回，带着儿子一起玩陀螺、捉迷藏，在广场上跑得精疲力竭。

气喘吁吁地坐下来之后，征征爸爸突然发现，工作和生活中的烦恼骤然烟消云散，与孩子的距离好像从来没有这么近过。爸爸脸上发自内心的笑容似乎也感染了征征，他用力地拉着爸爸，脸上写满了兴奋。

回到家里，征征爸爸思绪万千。他在心里说："我突然感觉到，和孩子成为朋友，沟通和教育起来反而更加轻松了！"之前，他总是觉得平日里跟孩子沟通缺乏有效的方法，自己在公司里是一言九鼎的大男人，在孩子面前却经常是说半天话也得不到儿子的一句回应，简直要把自己急死，自己经常说着说着就忍不住发脾气，导致孩子在自己面前总是一副胆怯的样子，根本没有办法好好沟通。而从孩子性格发展的角度来讲，如果孩子小时候对于家长只有畏惧而没有亲近，那么当他长大以后，很容易成长为那种唯唯诺诺，没有自己独立人格的人，甚至有可能会走上叛逆之路，以此报复父母。

有一位著名的儿童画家这样说道："我为孩子们画画，画故事连环画，画童话插图，就得像孩子那么想，那么看，于是我也就有一颗童心啦！"把自己放在孩子的位置上，体会孩子的快乐，分担孩子的忧愁，与孩子融为一体，正是这位儿童画家的成功秘诀。

作为父母也是如此——你与孩子是朋友，孩子自然愿意与你亲近，愿意与你分享他们成长中的点点滴滴，遇到疑惑向你咨询，遭遇挫折请你帮忙，拥有喜悦和你分享。所以，与孩子成为朋友，你才能感到教育孩子并不是什么麻烦事！

但在现实中，能够做到这一点的父母少之又少，甚至不少父母还会表现得尖酸刻薄：听到孩子在唱歌，父母嫌"吵死了"；听到孩子讲故事，父母说"让人烦"；看到孩子的小发明，父母说"没意思"……孩子感受到的只有父母浇下来的一盆盆冷水，而不是温暖的肯定和鼓励。

我们不妨来看一个如今的家长都非常熟悉的场景：小芸的学习成绩不是很理想，因此总受到爸爸妈妈的唠叨和教训。这天放学，拿着试卷回来的小芸惴惴不安了一路，最终还是得面对爸爸妈妈在饭桌上的数落："唉，这孩子，成绩这么差，以后可怎么办呀？我们都不好意思跟别的家长说话。"小芸看到爸爸妈妈越说越生气,吓得大气也不敢出,只顾埋头吃饭。

爸爸越说越生气,见小芸一声不吭,放下筷子大声冲她喊道:"你到底怎样才能把学习成绩提上去?"

妈妈说:"唉,这孩子是不是脑子笨呀?看她平时也不贪玩儿,怎么就是学不好呢?我看将来考大学是没什么希望了。"

听到爸爸妈妈这么说,小芸再也忍不住了,她跑回自己的房间,哭了一个晚上。

很显然,小芸爸爸妈妈的做法是不对的。虽然绝大多数父母明白这一点,但是有些时候事情到了自己头上,难免也会犯同样的错误。要知道,合格的父母应该与孩子"做朋友",而不是成为孩子的"管理员"。

著名教育家陶行知先生说过:"我们必须会变成小孩子,才配做小孩子的先生。"这句话的意思就是,做父母的不要总以家长的身份来压制孩子,动辄责骂孩子,甚至用刻薄的话语来伤害孩子的自尊,而应站在孩子的角度去理解孩子,以平等的态度去对待孩子,与孩子进行沟通,耐心倾听孩子的想法,成为和孩子无话不说的好朋友。只有做到了这些,父母才能够与孩子真正无障碍地沟通,第一时间掌握孩子的情况,做到心中有数。

那些总是觉得严师出高徒,总是用高压管制孩子的父母,赶紧改变这一习惯吧!正是你的管制,才让孩子进步缓慢,导致亲子关系产生裂痕。只有当你学会了与孩子一同体会快乐，一同分担忧愁，成为孩子的好朋友时，你才会发现，原来自己是这个世界上最幸福的父母，他是世界上最懂事的孩子！

父母与孩子之间，不应是统治与被统治的关系，而应像朋友一样平等、亲切。孩子提出的看法，父母应该认真考虑，有道理的就接受；父母的想法也应该和孩子讲，不要自作主张地替孩子作决定。当你做到这一点时，你就会发现，教育孩子根本不用绷着脸，在轻松愉快的相处中，不知不觉就能达到教育的目的。

1.9 坦诚，是一切沟通的前提

何谓坦诚？所谓坦诚，就是人与人之间没有隔阂，真心相对。从表面上看，亲子关系应该是最密切也最坦诚的关系。但实际上，很多时候并非如此。亲子之间不坦诚的原因是多方面的，也许是因为父母想要保护孩子，不想让孩子因为一些事情烦恼；或者是父母不信任孩子，不想让他们知道家里的太多事情；还有可能是孩子戒备父母，不愿意和父母毫无芥蒂地沟通。

总而言之，不管出于什么原因，如果亲子之间出现了隔阂，就不能把心中所有想说的话都如实地表达出来。长此以往，亲子之间就会失去信任，甚至产生信任危机。

要做到坦诚相待，父母首先要信任孩子。不管孩子多大，都是家庭中的一名成员。只有父母信任和尊重孩子，孩子才能感受到平等，才能更加富有主人翁意识，更好地与父母相处。

其次，父母要理解孩子。很多父母在与孩子沟通时，不等孩子说出个子丑寅卯，就马上打断孩子说话，让孩子"闭嘴"，或者不由分说地指责孩子。这会让孩子受到挫折，不愿再向父母敞开心扉。

最后，父母应该赢得孩子的信任。亲子关系和所有其他的人际关系一样，需要以信任为基石。很多父母在养育孩子的过程中喜欢"一言堂"，不管什么事情都命令和操控孩子，最终导致孩子心生叛逆。只有真正的爱和自由，才能让孩子畅所欲言，做自己想做的事情，坦诚地面对父母。

儿子一直是个很乖巧的孩子。有一段时间，他发现我经常心不在焉，原本高超的厨艺也总是发挥失常。儿子意识到妈妈也许遇到了困难。晚上吃完饭，我洗完碗之后，就自己一个人坐在书房发呆。儿子走过来，趴在我的怀里，问："妈妈，您怎么了？"

我笑着摇摇头，说："没事啊，你去玩吧，妈妈很好！"儿子继续追问："但是，我看您一点儿也不开心，您有什么心事吗？"看到儿子关切的眼神，我沉思片刻，对儿子坦诚相告。

我说："宝贝，妈妈在工作上的确遇到了一些困难。不过，这只是暂时的，很快就会好转的。"儿子担心地说："妈妈，我能帮您战胜困难吗？"我抚摸着儿子的头，安慰他："你相信妈妈能够凭借自己的努力战胜困难吗? 就像你有的时候考试出现失误, 成绩不那么优秀, 你也会自己努力追上去, 提高成绩一样。你觉得呢?"儿子信任地看着我, 坚定不移地说: "妈妈, 您是最棒的!"我心头一热, 平日里, 我经常夸赞儿子是最棒的, 如今这个小家伙居然用同样的话来鼓励我。

知道妈妈是因为工作上的事情担心之后, 儿子反而放心了。他知道, 妈妈一定会战胜困难, 勇往直前。面对儿子的关心, 我原本想隐瞒, 但最终还是决定坦诚相告。因为如果儿子不知道我为什么烦恼, 也许会更加伤心。这件事情之后, 我和儿子之间更加彼此信任, 相互鼓励, 就像真正的好朋友那样。

家长们, 当孩子觉察到家庭遭遇的困境的时候, 你们是否也能够坦诚告诉孩子呢? 其实, 任何人际关系都是相互的, 只有信任对方, 才能赢得对方的信任。亲子沟通也是如此, 只有父母信任孩子, 把心事告诉孩子, 孩子在遇到困难的时候, 才会主动地告诉父母, 与父母同甘共苦, 共渡难关。不论在什么情况下, 亲子之间都应该真诚相待, 毫无隐瞒。

以孩子为师,让爱回归本真

爱是一个温暖的字眼,也是一个丰富的话题。每个孩子从来到世界的第一秒钟开始,都是被父母的爱包围着的。然而,大多数父母对如何真正地爱孩子却懵懂无知。孩子的内心是一片神秘而陌生的森林,他们用爱的眼睛为我们引路。我们要以孩子为师,让爱回归本真。明白什么是真正的爱,什么是错误的爱,该怎样去爱孩子……这才是爱的本真。

2.1 爱,是为孩子一生幸福负责的哺育行为

你爱孩子吗?

如果我让父母回答这个问题,很多父母肯定会说:"当然爱了,我爱我的孩子胜过一切,我可以把我的一切都给他。如果有一天,我的孩子需要我身上的器官,我都会毫不犹豫地捐给他。"

那么,我继续往下问:你平时的行为中,体现的是对孩子的爱吗?

父母有可能回答:"当然,我早出晚归地为孩子忙碌,呕心沥血地照顾

他长大，点点滴滴都是对孩子的爱。要是我不爱他，我会这么做吗?"

我们再来看一个问题：你所做的每一件事都是真正为了孩子好吗?父母有可能迟疑了："也许有些事情我做得不够正确，但是我心里绝对特别爱我的孩子。"

是的，父母爱自己的孩子，这点是毫无疑问的。我想做父母的都有这样的体验：当孩子安静地睡在自己身边，自己凝视着那张纯净的小脸，心中会有无限的欢喜，觉得孩子怎么看怎么可爱，怎么爱都不够，恨不得把全世界都给他。当我们产生这样的念头时，心中会有一种使命感：我要给我的孩子好的生活，我要照顾他长大，我以后做任何事之前都会先考虑这个小家伙。

那么，我们再来看最后一个问题：什么样的爱，才是对孩子真正的爱?

很多人认为，爱是一种感觉。可是光有感觉，没有行为支撑，绝对不是爱。所以，爱体现在行为中。父母对孩子真正的爱，可以简单地定义为：一种为孩子一生幸福负责的哺育行为。

那么，我们对孩子的爱到底应该如何实现呢?要想做到真正地"爱"孩子，需要我们先厘清一些爱的误区：

一是毫无节制的爱。这种爱通常表现为：事无巨细地包办孩子的生活起居事宜，将孩子的要求放在首位，无条件地满足孩子。有什么好东西，立刻想着给孩子；为了孩子一个过分的要求，夫妻双方甚至全家都当成头等大事来办；只要孩子开心，什么都肯去做；平时舍不得让孩子干活，怕他累着；处处迁就孩子，唯恐他不高兴或者受委屈；不放心孩子单独外出，唯恐出状况；孩子和其他孩子相处时，生怕自己的孩子吃亏……

我不为自己，一切都是为了孩子，对孩子爱到了忘我，难道还不是真爱孩子吗？的确，很多父母把这种奉献精神当成了真爱。其实，这已经远远偏离了真爱行为，不但不是爱，还是一种严重的害。表面上看，这种爱很无私，因为这是一种付出，付出难道不是爱吗？而事实上，这种爱只照顾了父母想付出的心情，根本没有考虑对孩子的成长产生的积极或消极的影响。所以，毫无节制的"爱"，不但不伟大，反而是一种自私的表现。隐藏在这种"爱"的背后的，是父母对孩子的占有欲。

所以，父母要以孩子的快乐成长为基础来判断自己的行为，学会有节制地爱孩子。

二是投资回报的爱。我经常听到很多父母对孩子说："宝贝，爸爸妈妈为了养你，花了多少心思，操了多少心，等我们老了，你会怎么对待我们？"有些更直白一点的父母说："我们一把屎一把尿把你养大，你的衣食住行样样都是我们提供的，你以后要是不孝顺我们，那就是禽兽不如。"有的父母干脆把话说白了："我们现在供你吃、供你穿、供你读书，你可要好好争气，我们老了就靠你了。"

我一直都说，当父母养育孩子是为了自己的将来打算时，这种爱就一点儿也不伟大了,甚至不如我们买的养老保险。为什么这么说?买养老保险完全是出于你情我愿,可孩子却不能选择自己不被父母生出来。从孩子出生的那一刻起,他肩上就多了一个自己无法选择的使命。

如果父母养育孩子的目的是获取报答,必然会导致以自己为中心来教养孩子,让孩子按照父母设定的路去走——好好读书,好好工作,好好赚钱。为了这个目标不被破坏,父母会干预孩子的行为,生怕他们脱离自己设定的轨道。比如,有的父母不管孩子的兴趣,要求他们以后当医生、律师等。如果孩子稍有不从,就对孩子念叨自己是父母,让他们因为内疚而屈服于自己的安排。比如"我生你养你,费尽心思,现在你翅膀长硬了,就不听我的话了","你看,为了你我多辛苦,你以后可不能忘了我们"等。这会让孩子在接受父母的爱时,心里觉得无比沉重。

真正的爱孩子是不求回报的。我们之所以生养孩子,不是为了回报,而是因为我们会在与孩子的互动中获得快乐。

三是以占有为目的的爱。有些父母将孩子视作自己的一切,认为这便是爱。我们都说,孩子应该独立一些,这话反过来说也成立,父母也应该独立一些。但有些父母就是为了孩子而活着,孩子好就是自己好,万一孩子有点什么事,那就等于要了他们的命。我经常会听到一些父母的肺腑之言:"我所有的一切都是为了孩子,只要他好,我怎么样都无所谓,要是他有个闪失,我也不用活了。"

父母之所以会这样想，是因为他们的内心缺乏安全感。他们需要把身边的人紧紧控制住，才会觉得安心，否则就会觉得生活失去意义，无法继续下去。

以上三点便是如今父母对孩子错误的"爱"最常见的形式。当我们厘清爱的误区后，离认清爱的本质也就不远了。那么，什么样的爱才是对孩子真正的爱呢？

一是平等地对待孩子。要让父母认为孩子和自己是平等的，是最难的。当我说真爱孩子的首要前提是平等，很多父母往往很不高兴。有的父母可能会提出质疑："平等？男女之间可以讲平等，但孩子是我生的，他生下来就得叫我妈，要讲平等，他还会听我的吗？这世界不就乱套了吗？"有的父母甚至说："我教训孩子，是否意味着孩子也可以教训我？"

这就是对平等的含义的错误理解。父母之所以害怕和孩子讲平等，就是认为一旦和孩子平等了，孩子就可以爬到父母的头上，和父母对抗，向父母叫板。这种担心恰好反映出父母对于控制权的欲望，他们担心孩子不受自己掌控。

所谓和孩子平等，是要求父母把孩子作为和成人一样的独立个体来对待，而不是把孩子当作自己的附属品。父母要在思想和行动上彻底地改变。当孩子做错时，不仅要给孩子解释的机会，更要给他们改正的机会。在批评孩子之前，先站在孩子的角度去思考，想想他们为什么会这么做，保护好孩子的自尊心。在说话做事前，先征求孩子的意见，把他们当成朋友，用商量的语气说话，用信任的态度做事。在作决定前，不仅要考虑孩子的感受，更要重视孩子的反馈。

二是放手让孩子自己成长。孩子从呱呱坠地到蹒跚学步，再到长大成人，父母倾注了太多的心血。正因为爱，父母从心里恐惧孩子和自己分离，舍不得孩子自己动手，于是包办孩子的生活，扼杀了他们的独立能力和自理能力。父母没有把孩子当成独立的个体，而是将他看作自己生命和生活的一部分甚至是全部，是自己的生活需要、精神支柱、价值体现。以这种心态来养育孩子，孩子无论在物质上还是精神上，都无法摆脱父母的枷锁。

我最近看了一部电视剧，里面有个相亲的片段。两人相见，无论女方问什么问题，男方都说："我妈妈说……我妈妈说……"相亲还没有结束，女方就找借口逃离，然后跟闺密感叹："这样的男人，可以撑起一个家吗？"

电视剧情节虽然有些夸张，但在现实生活中肯定有这种表现的人。孩子的独立问题，已经引起社会的关注。很多人表面看起来已经成年，但心理上却极端依赖父母。他们不知道该怎么把握自己的生活，如何实现自己的价值，只会被动地等待父母替他们作决定，安排好一切。可是，孩子天生就如此吗？不是的，是父母错误的教育方式造成了孩子的各种问题。真爱孩子，父母要学会及时放手，鼓励孩子独立，追求自己的理想。

三是以孩子为师，改变自己。很多父母致力于改变孩子，以期孩子按照自己的要求成长，最后往往发现，花了那么多的精力，孩子要么没什么变化，要么越变越糟糕。真正的爱孩子，是父母愿意遵循孩子的成长规律，以孩子为师，愿意改变自己。

父母只有改变自己，从孩子身上学到教育的真正意义，然后通过自己的行为去影响孩子，才能收到意想不到的效果。如果只想着改变孩子、成全自己，最后只有两个结果：孩子一点都没有变，或者孩子受父母做法的影响，也想通过改变别人达到目的，而不去寻找自身的原因。

最后，我想说的是，身为父母，我们或许都是爱孩子的，但对于什么样的爱才是对孩子真正的爱，我们却茫然无知。如果你想让你的爱能够真正架起"爱"的桥梁，那么请认真阅读本章的内容。这是一个十分简单的、谁都可以实践的方法。只要你稍加学习和模仿，就可以产生很好的效果。

2.2 爱，绝不讲"条件"

父母对孩子的爱，可以说是这个世界上最伟大也最无私的爱。对于每一位父亲和母亲来说，给予孩子的爱自然会伴随内心无比殷切的期待。但父母必须明白，期待和爱本就是两码事，二者不能相提并论、混为一谈，不能把对孩子的爱与期待当成可以互换的条件。

有位妈妈分享过这样的一段经历：一个周末，小丽陪着女儿一起在家看一档亲子娱乐节目。节目里，几对父母和孩子互相配合，共同完成了一项又一项任务。在这个过程中，父母与孩子之间表现出来的默契和深情，让小丽和女儿都感动不已。看完节目，女儿突然抱着小丽问："妈妈，你爱我吗？"

"妈妈……"在小丽就要下意识地说出"当然爱你"时，她脑子里突然灵光一闪，想到女儿周末的作业还没写，于是就把后半句话咽了下去，对女儿说："如果你能提前完成周末的作业，妈妈就爱你。"听到妈妈这样说，女儿立马去书房写作业了，行动比以往每天都要迅速。小丽为自己的灵光一现暗自得意，却没有注意到女儿脸上的失落。

马上要到暑假了，女儿跟小丽提出要去看大海。小丽觉得这是一个好机会，就对女儿说："好呀，不过这次期末考试你得考班里前 10 名。"虽然女儿答应了，最终也实现了看海的愿望，但她好像没有想象中的那么开心。从那之后，小丽觉得自己找到了管教女儿的好方法。不管是女儿要零花钱还是要买东西，小丽都用各种条件跟女儿交换，比如打扫房间、洗碗等。总之，不论女儿提出什么要求，小丽总会顺势提出相应的条件来跟她交换，而且还觉得这种教育方法让自己省了不少心，经常在邻居、同事面前炫耀自己"教女有方"。

可是好景不长，过了一段时间之后，小丽发现，女儿开始变得懒散起来。不管是在学习还是生活上，她做事的积极性都越来越低。无论做什么事情，小丽的女儿都不主动，甚至连做作业、打扫个人卫生这类应该自觉完成的事情，也要家长再三催促才肯去做，甚至一遇到任务就等着妈妈提条件来交换。

小丽这才意识到自己的做法有问题，凡事交换讲条件的教育方法，给孩子带来了很大的负面影响。她把对女儿的爱加上各种条件，潜移默化中让女儿接受了"爱=条件"的观念，甚至学会跟家长谈条件。如果在这种亲情环境下长大，女儿不光没有做事的积极性，甚至会缺失责任感和担当，后果不堪设想。

意识到问题的小丽，开始改变自己的做法。马上又要期末考试了，一天晚上女儿对小丽说起成绩的事情："妈妈，如果我这次还考前 10 名，你就给我买一副正式比赛用的乒乓球拍吧。"

小丽并没有像往常那样跟女儿做约定，只是淡淡地说了一句："等考试结束再说吧。"小丽一反常态的回答，让女儿有些意外，不过她还是回到房间认真复习去了。按照惯例，跟妈妈的这种约定，是默认成立的。

然而，这次考试中小丽的女儿发挥得并不是很好，最终与前 10 名无缘。她沮丧极了，不仅因为没有考好，更是因为无法得到心爱的乒乓球拍。不过，这次小丽早早地去体育用品店给女儿买了一副名牌乒乓球拍。晚上，女儿放学一进家门，就看到她喜欢的乒乓球拍摆在桌子的中央。女儿欣喜若狂，一扫考试失利的阴影，开心地问小丽："妈妈，我这次没有考进前 10 名，你为什么还是给我买了球拍啊？"

小丽摸着女儿的头说："因为妈妈爱你呀，爸爸妈妈对你的爱是不需要理由和条件的。妈妈给你买喜欢的东西，是因为希望你开心，并不是用你考试的名次来当作换取礼物的条件。所以，以后妈妈再也不会把给你的关心和爱附加上各种条件了，而你自己原本就应该努力做好的事，也不能拿来跟爸爸妈妈讲条件了，好吗？"

听到妈妈这样说，女儿开心得不得了，拿着球拍欢呼雀跃了好一阵子。从那之后，女儿一改之前的懒散，再也不想办法跟小丽讲条件要这要那了。这样的状态让小丽很是欣慰，也让她通过反思明白了很多东西。

我们知道，爱是人与人之间最质朴、最真实的情感，是不讲条件的。我们爱一个人，就是希望对方能够过得好，希望对方快乐、幸福。这样的期望是不讲条件、不求回报的。父母对孩子的爱是如此，孩子对父母的爱也是如此。作为父母，爱孩子的理由只有一个，那就是他是你的孩子，除此之外，不应该有任何其他理由。

同样，作为父母，也应该让孩子明白这个道理。在日常生活中，很多孩子偶尔会耍一点"小心眼"，认为可以用自己本应该做好的事情或者学习成绩作为条件，从父母那里换取心爱的礼物。这时候，父母应该用自己的实际行动让孩子明白，爱是不需要讲条件的。从小明白这个道理的孩子，不但能够更加深刻地理解"爱"的含义，而且他们努力做好一件事情的出发点和目的就会更加明确，在成长过程中也会因为对于爱的正确理解而不至于背离正确的方向。

2.3 从孩子身上，学会爱的本真

一个电视节目里，主持人采访一名小朋友，问他："你长大后想要干什么？"小朋友天真地回答："我要当飞机驾驶员！"主持人接着问："那么，假如有一天，你驾驶着飞机正飞到太平洋上空的时候，很不幸，所有引擎全都熄火了，这时候你会怎么办？"

小朋友想了想说："我……我会告诉飞机上的所有乘客，让他们系好安全带，然后我打开降落伞先跳下去。"孩子的回答引得全场一阵大笑。主持人继续注视着这个孩子，想看看他是不是个自作聪明的家伙。令所有人没想到的是，孩子的脸上瞬间挂满泪水。这让主持人深深地感受到，这个孩子的内心一定有着非同寻常的答案。

于是，他继续问孩子："你为什么要这么做呢？"只听孩子回答："我要去拿燃料，我还要回来救飞机上的人们！"

孩子的心幼稚而单纯。从这个故事里，我们可以看到孩子内心的那份爱与纯真，他的心就像水晶一样美丽、透明、纯净。其实，每个孩子都是如此。孩子身上的那份单纯的爱和本真，最值得家长去学习。

作为家长会有这样的体会：孩子大多喜欢和孩子玩，而不愿意和大人在一起。这是因为在他们眼里，大人毕竟是大人，和他们单纯的童心

没有什么交叉。童心是世界上最美好、最纯洁的东西，它至纯至美、晶莹如玉，需要每个家长用心来呵护。

可是在现实生活中，我们却经常看到，很多父母从来不去细心地感受孩子的世界。所以，他们越是爱对孩子指手画脚，往往越是失败。相反，若是能和孩子产生心与心的交流，用本真对待童心，那么孩子就很容易把父母当作朋友，凡事喜欢和父母分享，心与心的距离自然也就拉近了。

比如，孩子抱着布娃娃慌慌张张地跑到妈妈的身边说："妈妈，不好了，我的布娃娃生病了，该怎么办呢？"这时妈妈不要说："一个布娃娃，又不是活人，怎么会生病呢？"或者干脆不耐烦地说："好了，自己去玩吧，别胡说八道了。"

这样的回答，一定会伤害到孩子内心的那份纯真。因为在他看来，任何东西都是有生命的，布娃娃也一样。孩子是在玩耍的过程中，不断地来探索、认知世界的，像上面那种粗暴的语言，显然会扼杀孩子的童趣，将他们想象的翅膀折断。

因此，在孩子成长的过程中，父母应该学会用本真的眼光来看待孩子的问题，进入孩子的童真世界，给予孩子真正的鼓励和帮助，从而让他们在玩耍的过程中不断学习和探索，迅速地成长。在这个过程中，家长也是有收获的。它会让你在繁忙的工作、生活之余，依然保持内心的本真，保持那份单纯和对这个世界的爱。

　　有位妈妈曾经分享过这样的故事：她的女儿小薇三四岁时，有一天突然问她："妈妈，我是从哪里来的？"当时这位妈妈觉得孩子还小，就告诉小薇，她是神仙老爷爷送来的。过了几天，小薇突然又问了妈妈一次："我是神仙老爷爷送来的吗？"妈妈说："是。"小薇又问："你也是吗？"妈妈说："是。"小薇迟疑了一会儿，又问："我爸爸也是吗？"妈妈说："也是呀。"小薇一脸惊奇，片刻后突然很委屈地说："那我怎么没在那里见过你们？"说着，她的眼泪就要下来了。

　　小薇的妈妈吃了一惊，明白孩子是说如果他们都曾经在神仙老爷爷那里，应该早就认识呀。3岁左右的孩子已经开始对父母怀有深刻的情感，不仅仅是依恋，还有强烈的占有欲。在神仙老爷爷那里，一家人互不认识，这让她非常失落。

　　看了这个故事，想必每位家长都会受到启发。我们会直观地感受到：孩子是多么可爱呀！她能够从成年人根本想不到的角度思考问题。此外也让人感受到，孩子对父母有着如此强烈的爱，在她的心里，父母和自己现在是一家人，从前也会是一家人。

　　好在故事中小薇的妈妈及时发现了孩子的失落，了解了孩子内心的想法，马上纠正了自己的错误，否则小薇还得为从前不认识父母而倍感难过。

　　总的来说，孩子内心的这份单纯和本真使他们非常敏感，很容易受伤，只是他们还不太会表达自己。但正是这份单纯和本真，让孩子拥有世界上最纯洁的爱。家长不仅要小心保护孩子这颗纯净、透明、易碎的心，还要向孩子学习。因为这份单纯和本真，是成年人的世界里最缺乏的。

父母和孩子相处时，要向孩子学习，学习那份单纯的快乐，学习那没有任何杂质的爱。作为家长，要主动学习一些青少年心理知识，注意研究孩子，和他们相知、相近、相亲，在日常生活中安排出与子女一起探索的时间。例如，与他们一起观看毛毛虫如何爬行，与他们一起思考树叶为什么会变换颜色，狗为什么总爱摇尾巴；与他们一起冥想天有多么高，海有多么深……孩子表现出来的善意与爱，是值得每一位家长学习的。我们不妨试着以孩子为师，让自己的爱回归纯粹，回归本真。这不仅可以让父母更加贴近孩子的内心，还能培养出一个对世界充满善意和爱心的孩子。

2.4 携"爱"图报，是一种伤害

一个周末，我陪着儿子在客厅里玩。突然，儿子跑到我的面前问我："妈妈，你为什么要生下我呢？"

听到这个问题，我大吃一惊。难道孩子是受了什么委屈吗，还是成长过程中受到了不好言论的影响？我没有正面回答他的提问，反问他："那你喜欢做妈妈的儿子吗？"

儿子不假思索地点点头："我当然喜欢。只是我做你的儿子，你就要花很多的时间和金钱来养育我，这样妈妈会很累、很辛苦的。"看到儿子如此懂事，知道心疼我，我的内心不禁欣喜若狂。我把儿子搂在怀里，充满爱意地对他说："妈妈不怕辛苦，因为妈妈爱你啊！"

儿子听我说完，便一脸稚气地向我宣布："妈妈，等我长大了，我会挣很多的钱，给你买好多好吃的、好喝的，还要带你去世界各地旅游。我会一直陪着你的，让你每天都快乐。"

看着儿子一边说一边比画的样子，我忍俊不禁。我想，任何一个妈妈听到自己的孩子说出这样的话，内心都是雀跃的，会感到无比欣慰，觉得自己的付出是值得的。对于儿子的这番话，我相信他这么说绝对是出自真心和对我的爱，但这毕竟只限于他成长的阶段。

在孩子小的时候，我们就是他们的避风港。只要有父母在，他们便什么都不用怕了。随着年龄的增长，孩子的思想与意识逐渐成熟，他们长大后会有自己的朋友圈与工作，会有自己的家庭。此时的孩子，不会像小时候那样天天黏着我们了，他已经不再仅仅属于我们了。他会有多重身份，会有很多人需要他，离不开他。虽然他当年的那番话偶尔还会被提及，有些可能会实现，但那句"我会一直陪着你的"只能放在彼此的心里，用来怀念与回忆。

那么，养育孩子的目的到底是什么？这个问题，我与很多人讨论过，得到的结论是：

第一种是受传统思想的影响，如果不生孩子，就过不了双方父母那一关,毕竟丁克家庭还是少数。而且,大部分家庭至少会有一个孩子,所以自己也要有一个。

第二种是在婚姻关系中,孩子是联系整个家庭的纽带。有了孩子,生活会充满希望。没有孩子,家庭关系随时可能终结。

第三种是因为爱对方,也喜欢孩子带给自己的为人父母的喜悦,所以想要留下双方爱的结晶。

生活中,我们经常会遇到一些妈妈,她们表示有了孩子之后,自己的人生轨迹就变了。她们不仅要忙于工作,还要兼顾家庭。而男人往往会因为冲刺事业,鲜少顾及家庭。这时候,由于生活的劳累与工作的压力,妈妈们很容易滋生情绪,并且觉得以后丈夫如果对不起自己的话,那就该付出一些代价。

但我想说的是,孩子是双方共同的爱情结晶,不是某一个人的私有物品。既然爱孩子,就不应该用孩子来作为压制另一方的筹码。

很多时候,妈妈在不断地诉说着自己在婚姻家庭中的种种无奈与带孩子所经受的各种辛苦付出。其实,对于养育孩子,我们很难用一定的标准去评判。就算再辛苦,只要孩子冲我们微微一笑,叫一句稚声稚气的"爸爸妈妈",我们便会感觉到快乐,觉得一切付出都是值得的。那种血浓于水的亲情,是无法用更多的言语来表达的。孩子的内心敏感而细腻,即使思想与意识没有发育成熟,也能以自己的方式来回应我们。在长期的相处中,我们逐渐和孩子培养出深厚的感情,并从中享受到天伦之乐。

相反，如果养育孩子只能让你倍感辛苦，而没有丝毫快乐的话，那么我只能说，你或许是不爱孩子的。

现实生活中，确实有些父母生孩子就是为了捆绑或压制对方，并试图对婚姻做出补救，或者用来填补自己内心的空虚，或者是为了让孩子完成自己的梦想。这种观念不仅违背了养育生命的初衷，在生活中也是不能正常和孩子建立良好的情感关系的。因为在教育孩子的过程中，这样的父母会以自己的主观情感为导向，把自己的情感和对未来生活的期待统统附加于孩子身上。如果父母生孩子仅仅是从自身的需要考虑的话，那么这种"爱"就是自私狭隘的。在这种教养方式下，孩子怎么可能会身心健康地成长呢？

我一直觉得不管出于什么理由，父母都不能为了满足自己的需求而让孩子在不良的环境下成长。对于父母和家庭，孩子是没有选择的权利的。在很多家庭中，父母会给孩子从小不停地灌输这样一种思想：要如何努力、如何拼搏，不能辜负父母的辛苦付出，不然对不起父母。如果孩子没有做到父母所要求的，心理上的压力就会一直存在，会始终觉得不能好好回报父母的培养。爱在这种名义下，早已变质，而这种现象一直普遍存在。

一位心理学家曾经说过："如果父母为了达到某些私人目的，而把孩子当作自己的私有物品并且加以施压控制，那么孩子成长的自然规律已经被无情地打乱了。"我们不能违背这种生命的初衷，不管在什么时候，都应该尊重孩子的意愿，以孩子为中心，并让其健康快乐地成长。

前段时间，家里来了一位远房亲戚。她过着无忧无虑的富裕生活，却一直摆脱不了一个烦恼，那便是女儿的终身大事。之前，她的女儿有过一段感情，对方各方面的条件都不错，只是离异且有一个孩子，女儿嫁过去就要当后妈。于是，她便劝说女儿放弃了。后来，女儿又找了一个同龄的单身男士，她还是不满意，甚至觉得还不如之前那个。

那天，她一脸担忧地问我："我要怎样做，才能帮助女儿找到一段好姻缘，让我们都皆大欢喜呢？"我问她，如果她自己的标准与女儿的标准有冲突的话，那么会以谁的意见为主呢？她若有所思地说，会好好考虑这个问题的，会试着慢慢改变自己，只是还需要时间来接受。

生活中，父母经常会埋怨孩子不懂事、不独立，但心里又时常担忧孩子过早地独立而离开自己的怀抱。长大后的孩子会逐渐脱离父母的生活，但父母却不太能接受孩子慢慢地远去。所以，有些父母会干涉孩子的生活，也是想以此来弥补自己心灵的空虚，给予自己情感的支撑。

但在这种情况下，孩子与父母的隔阂可能会越来越深，以致双方无法沟通。在个人的生活中，孩子也会表现得敏感多疑，缺乏安全感，不能很好地处理与身边人的关系。

在养育孩子的过程中，我们虽然会付出大量的时间、金钱与精力，但这并不能成为我们利用孩子的借口，更不能抱着"我付出了就一定要得到回报"的思想。

我参加一个孩子的周岁宴时，听到妈妈抱着孩子对爸爸说："现在他可以陪我了，有他在，我也不用管你那么多了。"

听到这番话，我的内心不禁五味杂陈。看来，这个孩子的出生，填补了这位妈妈精神的空虚，而这位妈妈也打算将所有的精力都花在孩子身上。这样一味地宠爱，容易把人压得喘不过气来，孩子怎能去承受呢？

很多父母觉得自己替孩子安排好了一切，便是为他好。只要他按自己的规划去执行，那么就一定会有一个美好的未来。孩子在这种爱的氛围下，苦苦挣扎着前行。而当孩子有了自己的主见，违抗父母的命令时，便会被扣上一顶"不孝"的帽子。虽说百善孝为先，但也不能选择愚孝，至少要视情况而定，并不是所谓的"听父母的话"就是孝顺。

世间的爱有很多种，唯有父母对子女的爱，是谁也无法阻挡的。如果真心爱孩子，请你为了孩子的幸福成长与长远利益考虑自己的言行。我们所付出的一切努力与心血，都应围绕这个目标来展开。

2.5 爱孩子的眼光，应该放得远一些，再远一些

最近，一则新闻引起了社会的轰动和热议：

一个十几岁的女孩，穿着很不错，可却在那里颐指气使，痛斥着妈妈的不是，嫌弃妈妈不能给自己买一部苹果手机。"没有钱，你干吗要

生我！""你就是没有能耐，让我过这样的穷生活！"

而对面的妈妈却是一个残疾人，穿着朴素的衣衫，满脸的憔悴。面对女儿的指责，妈妈不知道怎么是好，只能抱歉地说："我们家穷，实在负担不起这么贵的手机。""我求求你了，不要胡来了！"最后，这位"亏欠了女儿"的妈妈竟然向女儿下跪，让女儿不要买这么贵的手机。

在这位妈妈看来，是自己亏欠了孩子，就连一部手机都买不起，满足不了孩子的要求；是自己愧对孩子，就因为自己残疾，不能给孩子富裕的生活；是自己不好，没有挣钱的本事，让孩子跟着自己受委屈……

这位妈妈之所以如此，是因为她爱孩子，认为父母爱孩子，就应该给予孩子一切，让他们过上幸福富有的生活，不让他们吃生活的苦。于是当自己满足不了孩子的要求时，就产生了愧疚和亏欠的心理，说着愧疚的话，希望孩子能够体量和原谅自己，甚至不惜以下跪来乞求孩子。

生活中，拥有这样心态的父母并不在少数。为了养育孩子，父母辛辛苦苦地工作，把全部的积蓄都拿给孩子付房子的首付，可即便如此，父母仍愧疚地说："都怪我们没有本事，不能给你买大房子。""是我们没本事，还要孩子辛辛苦苦地还贷款！"可事实上，父母为了孩子做的还少吗？孩子自己还贷款，难道不是应该的吗？

再比如，其他孩子都上了贵族学校，报各种培训班，而自己的孩子只能上普通学校，报一两个培训班。于是父母便觉得亏欠孩子，说如果不是自己无能，就不会让孩子输在起跑线上，就不会让孩子与其他人产生那么大的差距。可难道你不也是给了孩子满满的爱吗？你不也是尽量让孩子获得最好的教育吗？

要知道，一旦父母经常因为不能给孩子丰裕的物质生活而觉得亏欠孩子，那么非但无法让孩子体谅自己，反而让孩子的怨愤之心越来越重。久而久之，孩子就会真的认为自己所有的不如意都是父母造成的，并开始在心里责怪父母。长此以往，当孩子遇到困难和挫折的时候，他们首先做的不是积极地解决问题，而是抱怨父母没有为自己做好。比如，当工作出现问题的时候，他们不会努力地从自己身上找差距，而是认为是父母没有能力给自己更好的生活。这样产生的后果，就是孩子缺乏责任心，不懂得感恩，只会怨天尤人，不会积极努力。

所以，父母千万不要把对孩子的爱理解成亏欠，我们爱孩子的眼光，应该放得远一些。

说到这里，可能有的父母要提出异议："不是说，要勇敢地向孩子承认错误吗？"

是的，我们在教育孩子的过程中，确实会犯许多错误。当出现错误时，我们确实需要勇敢地向孩子承认错误。但这只限于教育方法的范畴，比如错怪了孩子，或者答应了孩子的事情没有做到等。我们不必为了没有让孩子过上丰裕的物质生活而道歉，这是两个完全不同的概念。

在这里，我先不说能真正给孩子提供丰厚物质生活的父母有多少，即使我们真的能满足孩子的物质生活，让他的一生不用奋斗、不用努力，这样就是对的吗？"我爸是李刚"这样的教训，还不够深刻吗？

身为父母，我们当然都希望孩子过得幸福、快乐。但请记住，孩子的幸福和快乐并不是完全建立在物质的基础上的。我们可以省吃俭用，让孩子过得舒服一点，但这并不是我们对孩子爱的亏欠，而是我们对孩子的责任。

我们留给孩子最大的财富不是金钱和地位，而是让他们养成积极乐观的性格、努力进取的品质和追求幸福的能力。这是让孩子受用一生的财富，也是对孩子最长远的爱。如果你真的爱孩子，那么爱孩子的眼光就应该放得远一些，再远一些。

2.6　真正的爱，是带有规矩的爱

规矩和爱是相互促进的关系。也许父母常以爱孩子为由，不想给孩子订立规矩，即使订立了规矩，也会因为爱孩子而不断妥协。其实，这样做是不对的。所谓规矩，应体现出父母对孩子的深刻的爱。所谓爱，不应流于表面形式，而应带有规矩，成为理性的爱。只有把规矩和爱在教养孩子的过程中实现完美融合，才能帮助孩子更好地成长。

毫无疑问，对于每一个孩子来说，父母应该是这个世界上最爱他们同时也是他们最爱的人。从呱呱坠地开始，孩子就开始依赖父母，在父母的照顾下生存。在孩子成长的过程中，父母更是不遗余力地为孩子付出，教会他们很多道理。从孩子的角度来说，他们也非常信任和依赖父母。由此可见，父母和孩子之间的关系应该是最为亲密的。

然而，所谓至亲至疏，很多时候，父母和孩子之间的关系也是最疏远的。这是因为父母自以为了解孩子、爱孩子，总想成为孩子的主宰。殊不知，孩子也是需要自由的。只有订立恰到好处的规矩，才能给孩子规矩以内的自由，让他们真正享受到爱和自由。

程程是由奶奶带大的，每天中午以及妈妈不在家的晚上，奶奶都会以看动画片的方式哄程程睡觉。程程午睡的时间是两个小时，这样要她晚上9点入睡她就很不情愿，常常要折腾到11点多才肯入睡。为了改变程程的睡眠模式，让程程拥有健康的睡眠，妈妈决定改变她看动画片才能入睡的坏习惯。

这天晚上，妈妈郑重其事地给程程订立了规矩，规定不管是午睡还是夜晚入睡之前，都不许看动画片。不过，妈妈可以给她讲一个睡前故事。为了帮助程程更好地入睡，妈妈还把房间的窗帘拉得严严实实，营造出适合睡眠的氛围。

不想，吃完午饭之后，有些困意的程程坚持要打开电视机，妈妈劝说了很长时间才制止了她。接着，妈妈拿出一本故事书，开始给程程讲故事。一个故事讲完了，程程依然没有入睡。她说故事不好听，想让妈妈重新讲一个。妈妈没有再讲故事，而是静静地陪伴在她的身边，终于等到程程睡着。如此几次之后，程程终于习惯了独立入睡，睡眠也越来越好。

回想帮助程程改变睡眠习惯的经历，妈妈感慨地说："以前，程程一哭泣，我肯定会心软。但是知道了爱和规矩之间的相辅相成的关系之后，我想我应该学会坚持。"

在这个事例中，妈妈没有因为心软而半途而废。其实，每个小孩都会有调皮捣蛋的时候，不管是男孩还是女孩，都会经历一段"不听话""没规矩"的时间。他们小小的身体蕴藏着巨大的能量宇宙，时不时地就会做出极具破坏性和杀伤力的事情。

然而，孩子从来不会以恶意对待外界，他们的捣乱只是心理发展的需要。父母要做的就是帮助他们订立规矩，让他们在规矩允许的范围内享受最大程度的自由，这样他们才会遵循自身内在的成长规律，成为他们应当成为的样子。

那么，父母应该如何给孩子订规矩，才能既让孩子养成良好的行为习惯，又让孩子体会到父母的爱呢？这里有三个方法，值得父母一试：

一是培养孩子对规矩的敬畏之心。

要想让规矩变成真正对孩子的行为习惯有约束力的条款，父母首先要明确规矩的界限。有些父母订立的规矩非常模糊，无法清晰地判断孩子的行为是否违反了规矩。其次，必须严格执行规矩，有相应的惩处措施。如果孩子认为遵守规矩是分内之事，违反规矩则要受到严厉惩处，那他还会轻易违反规矩吗？很多父母在制定规矩之初，的确想着要严格按照规矩办事，然而没过几天，当孩子真的违反规矩时，他们马上心生怜悯，不忍心按规矩惩罚孩子。殊不知，这样一时的怜悯和宽恕，只会让孩子无视规矩，最终导致规矩形同虚设，无法继续执行下去。

这是帮助孩子树立对规矩的敬畏之心的关键步骤。如果这一步做不好，那么对规矩的继续执行，就会面临极大困难。也许有些父母会说，对孩子发狠实在是太难了，上一刻明明被孩子气得咬牙切齿，下一刻却因为孩子可怜兮兮的样子心生动摇。如果父母能够明白，让孩子接受规矩并且心怀敬畏，其实对他的一生有好处，那么也许会更加理智、坚定。试想，这个世界上有谁能不受规矩的限制？绝对的自由是不存在的，所谓的自由，只是在规矩之内的自由。既然如此，早一些让孩子学会遵守规矩，对孩子当然是一件好事。适应规矩的初期，当然是痛苦的，不过适应之后再无所顾忌地享受自由，才能够享受到更多的快乐。

二是订立了规矩后，不要因为孩子的哭闹而妥协。

没有人愿意被限制行动，尤其是当这种限制在最开始的时候根本就不存在，是突然"冒出来"的时候，就显得更加不合理，且让人难以接受。成人尚且有这样的感觉，更何况是天性喜爱自由的孩子呢？孩子们不喜欢规矩，这一点很容易理解，作为父母的我们同样也不喜欢限制自己行为的规矩。然而，即便如此，父母还是要着手给孩子订立各种各样的规矩，让他们去遵守。

当孩子大喊大叫的时候，父母容易勃然大怒，几乎不容孩子说些什么，就会强行喝令孩子遵守规矩。这样做是不正确的。依靠强制，孩子不可能遵守规矩，他们只可能在短暂的时间里因为惧怕而被动地改变自己。但这样的改变是不长久的。在订立规矩之初，父母应该考虑到孩子自身的情况。当然，做好这一切的准备工作之后，孩子依然可能会因为最初开始遵守规矩的艰难而哭泣。在这种情况下，父母一定不要心软。只有保持理智，帮助孩子努力养成良好的行为习惯，才能让他们顺利地度过这个阶段。

三是给孩子定的规矩要简单而具体。

由于理解力的问题，孩子喜欢明确、简单、具体的话语。很多父母在给孩子订立规矩时，会说"你要保持房间干净、整洁"。孩子就会想：什么叫干净、整洁？干净、整洁是什么东西？如果改变一种说法，告诉孩子：你要把床单铺好，把地面扫干净，把衣服叠好放进衣柜里。孩子定然会非常清楚地知道自己需要做哪些工作才能达到要求。父母在给孩子订立规矩时，应该考虑孩子的语言表达能力和理解能力，表达要简明扼要，让孩子一听就懂。对于这样的规矩，孩子乐于接受，也更容易执行到位。

现代社会，很多父母误以为不能"溺爱"孩子，就是尽量少爱孩子。其实，所谓的不溺爱，并非减少爱，而是改变爱的方式，把缺乏理性的爱变为理智健康的爱。很多父母从感情上减少对孩子的爱，在物质上却不惜一切代价地满足孩子，这恰恰是一种溺爱。

真正健康的爱，应该给予孩子精神和感情上的关注，为孩子订立规矩，帮助孩子养成良好的行为习惯。至于物质方面，只要能满足孩子的基本需求即可。养育孩子是一项充满艰辛的任务，唯有正确衡量爱与规矩，把握好这两者之间的关系，才能让一切水到渠成。

2.7　爱孩子的最大误区——为了你好

在儿子读小学二年级时，为了锻炼他的生活自理能力，我送他去参加了学校里举办的一个为期五天的训练营，结果出发那天，我看到了非常有意思的一幕。

有位妈妈一边哭一边叮嘱孩子，还反复和老师强调，孩子从来没有离开过父母，要多费心照顾之类的。临上车时，她把孩子抱得紧紧的，而孩子也是满脸的不舍，那场面用生离死别来形容似乎也不为过。

而另一边呢，也是一位妈妈和孩子，不过却是正好相反的情景。妈妈和孩子愉悦地告别，除了叮嘱孩子一些注意事项外，还和孩子约定了回来后，要把训练营里的所见所闻讲给妈妈听。

后面这个孩子告别妈妈，一脸高兴地与其他同学会合，还回头给了妈妈一个飞吻。而之前的那位妈妈，满脸的担忧溢于言表，目光一直没有离开过自己的孩子。

五天后，我去学校接儿子，又碰到了那两位妈妈。

前一位妈妈把孩子紧紧地搂在怀里，左一句宝贝，右一句亲亲，表现得尤为亲热。她不停地问孩子有没有受伤，有没有被其他同学欺负，吃得好不好，睡得好不好……对于这些连珠炮式的问题，孩子一律用摇头来回应。

旁边的另一个孩子却和妈妈热火朝天地讨论着这几天的所见所闻，给妈妈一边比画一边讲解一些精彩有趣的场面。例如，哪位同学把裤子穿反了，衣服扣子扣错了；哪位同学半夜说梦话，睡觉不老实踢被子……孩子笑容灿烂、滔滔不绝地讲着，妈妈则一脸幸福，听得津津有味。

我忍不住好奇，便问这位妈妈："孩子这么小，你怎么放心呢?"

"担心肯定会有，只是我选择把这份担心与牵挂放在心里，不表现出来。"这位妈妈说出了她的看法。如果她把这种担忧表现出来，可能会影响孩子自身的表现，他会变得不自信，甚至依赖父母。所以她和孩子约定，回来后把他这几天的所见所闻讲给自己听，这也是为了转移孩子的注意力，以便让他能更好地融入集体生活。

听到这样的回答，我在心里默默地为这位妈妈竖起了大拇指。

时隔不久之后，一次和老师聊天时，我问了问那两个孩子在训练营的表现。老师说，前一个孩子一直闷闷不乐，和其他孩子相处也不融洽，晚上睡觉时一直闹腾，而孩子妈妈也是一天几遍地打电话来询问孩子的情况。

另一个孩子则表现得非常勇敢与乐观，与其他同学相处得也很好，还很用心地体验与观察着每一件事物，表示回去之后要与妈妈分享他的快乐时光。

其实，这两位妈妈都是爱孩子的，只是相比较而言，我可能会更支持后面这位妈妈的做法。因为前一位妈妈的爱，更多地是从自身的感受出发的。

我们经常会看到车站里依依惜别的情景。有些妈妈一把鼻涕一把泪地反复叮嘱，希望表现出对孩子的不舍之情，让他们能深切感受到父母深深的爱。如果孩子没有表现出相应的反应，父母又会觉得孩子长大了，翅膀硬了。

其实，这都是父母缺乏安全感、不自信的一种体现。我们是否可以学着站在孩子的立场上，考虑如何做才对他们更好呢？

回忆一下自身的成长历程，可能我们听得最多的也是那句"我做的一切都是为了你好"。直到我们有了孩子，把这句话强加于他们，而他们从最初的默默接受到不理解、逆反，我们才深切地体会到，并不是我们所认为的"一切为了你好"，就真的是为了孩子好。

这种捆绑式的爱，使我们高举着"爱"的旗号，却往往在无形中伤害了孩子。父母觉得自己的所有付出都是为了孩子好，都是在为孩子考虑，要尽力给孩子提供最好的，宁愿自己吃苦也不会让孩子受半点儿委屈。如果孩子不能理解，父母就会反复地讲一些道理让他们妥协，把孩子提出抗议和反驳的权利都剥夺了。

可是，这些父母却没有站在孩子的立场上考虑，在孩子成长的这个阶段,他们真正需要与喜欢的到底是什么。等孩子长大后有了能力,便会反抗父母对自己做出的安排,甚至做出一些令父母伤心的事情。这个时候,很多人会说这孩子真不懂事,一点儿也不体谅父母,咱们所做的一切,不都是为了他们好吗?

但你是否想过,违背孩子自身意愿的安排,真的是为了孩子好吗?

很多父母觉得,我们所走过的桥比孩子走的路还要多,我们所经历的事情也比孩子丰富,所以我们出于爱护的原因,就不能放任不管。"我这么做,都是为了你好。"却不知,正是这种思想的枷锁,这种不恰当的爱的表达方式,更容易对孩子造成伤害。

比如,孩子想单独和小伙伴一起去玩,但父母会说,大人不在身边会有危险,会被人欺负。不管孩子如何保证,他们都不会同意让孩子出去。于是孩子只能一个人在家里玩玩具、看电视,无法与其他同龄的孩子一起无忧无虑地玩耍、做游戏。

孩子喜欢看小说,父母却说课外读物会影响学习,却不知阅读会对孩子以后的成长起很大的作用。

有些孩子明明不喜欢弹钢琴,可父母却让孩子硬着头皮去学习,并强调这个在升学时可以加分,于是孩子没有任何感情地弹奏着。可你有没有想过,孩子对音乐没有任何感情,怎能弹奏出美妙动听的曲子?

甚至读大学报考专业时,有些父母也要干预。孩子明明喜欢历史,父母却要孩子报考经济专业。因为专业好的话,毕业以后找工作的范围就会比较广，也比较容易，而就读冷门专业很难找到好的工作。于是，孩子便只好妥协，学着不喜欢的专业，毕业以后做着自己不喜欢的事。这样的孩子，能过得快乐吗？

还有一些拥有特殊情结的父母，自己年轻时的梦想与事业目标没有完成，便会把它们强加于孩子身上，让他们替自己完成。有些父母觉得自身优秀，所以孩子也不能太差，以至于拔苗助长，最终酿下悲剧。

在这种所谓的"一切都是为了你好"的氛围中，属于孩子的梦想与激情被无情吞噬。打着爱的旗号，父母理所当然地干预孩子的一切事情，而孩子对父母的安排不能有任何反抗，只需要服从、接受便好，不然就是一个不懂事、不听话的孩子。其实，当父母反复地强调"一切都是为了你好"这句话时，从某种意义上来讲，孩子的天性已经被压制、扼杀了。

作为父母，我们是否应该反思一下，把我们的意愿强加于孩子，干预他们的人生，这样真的是为了孩子好吗？我们是不是不应该打着"爱"的旗号，去束缚孩子的天性呢？

不知要到何时，父母才会卸下沉重的"爱"，重视孩子的真实感受，让他们按自己的意愿走自己的人生路呢？

2.8　爱，不等于一味地迁就

在这个世界上，没有父母是不爱孩子的，但是打着"爱孩子"的名义一味地迁就孩子，溺爱孩子，这不是爱，是害。作为父母，我们要给孩子有原则的爱，对孩子的一些无理要求，我们要学会坚定地说"不"！

法国著名教育家卢梭说过："当一个孩子哭着要东西的时候，不论他是想更快地得到那个东西，还是为了使别人不敢不给，都应当干脆地加以拒绝。"

张明宇是一位高级知识分子，在一所大学担任教授。他的儿子张志伟在小学三年级时就被评为"全国优秀少先队员"，上高中时，张志伟还在全国中学生科技大赛上获得了不错的名次，现在已经去美国深造了。

张明宇说："我们给小伟提供的成长环境可以说是非常优越，小伟可以算是'娇生'的孩子，但是我们从来不'惯养'他。假如小伟从小到大都是说一不二的小皇帝，我想他现在不会有这么大的出息。从小伟一出生开始，他遇到困难时我们就很少帮助他，甚至孩子摔跤都很少去扶，目的就是要锻炼他坚强的品质。"

张志伟第一天上幼儿园时，和其他小朋友一样，哭着要回家。因为张志伟的年龄是班上最小的，老师心软了，就联系了张明宇接他回家。张明宇来幼儿园接走了小伟，到家后，张明宇对儿子说："现在还没到放学的时间，其他的小朋友还在幼儿园，没有爸爸妈妈来接。现在，你必须要去上幼儿园。爸爸还要去上班，你只能自己去幼儿园了。"儿子站在楼道里使劲地哭，可是张明宇还是锁上了门，头也不回地去上班了。

张志伟知道爸爸的脾气：这是原则问题，爸爸不可能让步。最后，张志伟妥协了。4 岁的张志伟慌忙去追张明宇，对张明宇说："爸爸，送我去幼儿园吧。"张明宇此刻也很想送儿子去幼儿园，毕竟路上车多、人多，不安全。可是，他心里明白，如果今天自己送儿子回幼儿园，就等于默认了他的这种行为。有一就会有二，下一次还会出现今天的情况。于是，张明宇狠下心对儿子说："爸爸知道小伟很勇敢，你自己去幼儿园。爸爸答应，下午放学第一个去接你。"

张志伟万般无奈地转过身，垂头丧气地走了，一边走一边回头哭着说："爸爸再见！"眼看着儿子走远，张明宇还是有些伤心。一个父亲狠下心拒绝孩子，让孩子从小接受磨炼，的确需要坚定的决心。令张明宇欣慰的是，从那天起，儿子上幼儿园时再也没有哭过。虽然儿子只有4 岁，但父亲的举动却传递给他一个信息，那就是一个人的要求有时候是会被拒绝的，做人不能随心所欲。

张明宇说："我从来不迁就孩子，因为我眼前浮现的不是一个楚楚可怜、央求你的孩子，而是这个孩子的未来。小伟不会一辈子待在我和妈妈身边，他总有一天要建立自己的家庭，过自己的人生，我们不便插手。如果到时候他没有生活技能，没有敢做敢冲的勇气，没有解决问题的能力，那才是一个悲剧。"

爸爸的"不迁就"，带给儿子的是持久的耐力和乐观的心态。从小经历挫折的张志伟，学会了接受现实，能够调整自己的行为来适应社会的发展。他能够换位思考，凡事先为别人着想，发生利益冲突时，总是自觉地调整自己去适应别人，从不强求别人来迁就自己。最重要的是，他从中获得了很大的快乐，为自己能够解决一个又一个的难题感到骄傲。

假如孩子一哭，父母就迁就孩子，对孩子百依百顺，就等于是在告诉孩子："只要你哭，我就能满足你。"孩子屡试不爽，父母没有原则，以后还如何给孩子立规矩呢？随着孩子渐渐长大，他的欲望慢慢变大。总有一天，你无法满足他的要求，此时的拒绝会比当初的拒绝对孩子的打击更大。他会觉得自己被抛弃了，谁都跟自己过不去，严重者还会患上抑郁症，甚至自杀。

假如你想让自己的孩子变成一个"泼皮无赖"，那就尽情地溺爱他吧。如果你想培养一个优秀的孩子，那么当孩子提出无理的要求时，请一定要坚持原则，不能因一时心软，就让自己的教育前功尽弃。

一个"不"字，写起来简单，可是家长要真正做到，还要下大功夫。"不"字说多了，孩子会变得畏手畏脚；"不"字说少了，等孩子长大，就会挑战你的权威。该如何说好这个"不"呢？对父母来说，这是一门大学问。

合理地拒绝孩子，不仅不会伤害他们的自尊心，还能树立家长在孩子心目中的权威，让孩子明白许多做人的道理。父母在拒绝孩子，对他们说"不"时，应当注意以下几点：

一是父母要告诉孩子为什么拒绝。当父母拒绝孩子的无理要求时，一定要告诉孩子自己拒绝的理由。有的父母喜欢编一些谎言搪塞孩子。比如，当孩子想买零食时，父母会说："爸爸妈妈没带钱。"但实际上并不是这样的。一旦孩子知道真相后，父母在孩子的心里就会失去威信，给他们留下"父母也会撒谎"的坏印象。此时，父母不妨有话直说："这些路边摊不卫生，等会儿吃完饭，妈妈带你去大超市买，好不好？"这样不仅能给孩子树立正确的是非观，还教育了孩子。

二是尽量用肯定代替否定，平静地拒绝孩子。父母说"不"的频率太高，会大大降低这个字的效力。所以，父母不妨多用肯定代替否定。比如可以说，"我觉得你一定能做得更好！"或者"你看，不听话吧，摔跤了吧"，这能让孩子更信任你，拉近亲子距离。

当父母拒绝孩子时，语气不可太强硬，更不能情绪激动。有时孩子就是要做一些出格的举动激怒大人，假如你火冒三丈，就正中他们的下怀。因此，父母在针对孩子的不当行为教育他们时，一定要冷静对待，用平静的口气表达自己的想法和要求。这样孩子会觉得，父母说的话是不容置疑的。

三是面对孩子的哭闹，父母不能心软。父母看到孩子哭闹，难免会心软。只要孩子哭，父母就会无条件地满足他的任何要求。比如，孩子要买一个价格非常贵的玩具，父母说："不能买，太贵了！"于是，孩子坐在地上大哭，父母立刻就会心软，连忙对孩子说："好好好，买买买，别哭了。"孩子的欲望得到了满足，但是下次再出现这样的情况，父母再教育就来不及了。

四是一言九鼎，说了"不"就要坚持原则。对父母来说，最困难的是把"不"字坚持到底。父母可以警告孩子，可以把孩子的哭闹当耳旁风，还可以把孩子放在一个角落让他独自冷静一下。一言既出，驷马难追，既然说了"不"，就要坚持原则，不能反悔。假如父母很容易就反悔了，那就达不到教育的目的。

如果孩子被拒绝后有负面情绪，父母可以采取冷处理的方法，让孩子自己排解负面情绪。当孩子觉得自己的哭闹对家长已经不起作用的时候，教育的目的就达成了一半，此时对孩子进行引导，会事半功倍。

拒绝孩子有技巧，父母掌握了这些技巧，既能教育孩子，也能提升自己。孩子的成长是有规律的，父母必须掌握这种规律，才能教育好孩子。因此，父母需要不断学习，不断进步，做智慧型、进取型的父母。

所以，当孩子哭闹着要某样东西或违反规矩时，父母应该怎么做，大家已经有答案了吧？

2.9 适当地接受孩子的爱，给孩子表达爱的机会

在我们的传统观念中，父母给孩子最无私的爱，孩子接受来自四面八方的爱，似乎是"天经地义"的事情。其实，对孩子来说，给别人爱

比接受爱更快乐，更有利于孩子的成长。

一天，我偶然碰到亮亮的妈妈，亮亮妈妈一看到我就拦住我，叹着气说道："现在的孩子怎么这么不懂事，真是太自私了。"

原来在学校，亮亮是一个品学兼优的好学生，深得老师和同学的喜欢。可是回到家，亮亮就变成了"小皇帝"。在饭桌上，只要亮亮喜欢的饭菜，别人就不能沾筷；只要是他想要的玩具，不管家里条件是否允许，都要买下来；平时家庭聚会，亮亮也不知道照顾弟弟妹妹，大人买的零食他要先吃，玩具他要先玩……

听完亮亮妈妈的抱怨，我问她："你仔细想想，亮亮之所以这样，是不是跟你们的教育方式有关？"

亮亮妈妈听了我的话，吃惊地望着我。她仔细地回想了一下，告诉我：从亮亮生下来，她和亮亮爸爸就给予他所有的爱，家里有什么好吃的都会先给他。一次，妈妈买了一些桑葚，亮亮说："我最喜欢吃桑葚了，妈妈真好！"听了他的话，妈妈不舍得吃桑葚了。所以，当亮亮端着水果盘让妈妈拿桑葚的时候，妈妈对他说："妈妈不吃，你吃吧。"结果，亮亮把整盘桑葚吃光了。

或许就是因为这样的充满爱的"拒绝"一次次地上演，才让亮亮逐渐变成一个自私自利、不知道关爱别人的孩子。

我们都知道，爱是一种双向的情感交流。父母总是爱孩子的，给孩子无微不至的关心，却不会给孩子表达爱的机会。这样，孩子并不能得到快乐,反而还容易形成自私、任性、以个人为中心等不良个性。

所以,身为父母,我们要爱孩子,但爱不是盲目的,要让爱回归本真。本真的爱是双向的,我们既要爱孩子,还要适当地接受孩子的爱,给孩子表达爱的机会。这有助于加强孩子对父母的理解,让他们从心理上获得尊重和情感的满足,这对健全孩子的人格很有好处。此外,父母给孩子机会表达爱,还可以培养他们的良好道德品质,让孩子学会替他人着想,学会关心、理解他人。

那么,我们要如何做,才能给予孩子表达爱的机会,让他们学会替他人着想、关心他人呢?这里有两个小技巧,父母或许可以一试:

首先,给孩子表达爱的机会。适当地接受孩子的爱,胜过一味地爱孩子。父母爱孩子,也要给孩子表达爱的机会。值得注意的是,孩子的爱常常表现在细微之处。他们的爱也许不会像 100 分或者奖杯等那样现实,但却是孩子人生道路上的丰碑,是最令父母欣慰的收获。所以,父母要改变以前那种只知道为孩子奉献的传统做法,不要对孩子的爱视而不见,更不要只在乎孩子的成绩。为了孩子的全面发展,让孩子早日成人,父母不妨给孩子一个机会,让他们表达对父母的爱。

一天,我做晚饭的时候,儿子走进厨房对我说:"妈妈,我帮你吧。"我高兴地说:"好呀,儿子真是长大了,懂得帮妈妈干家务了。"听到我的夸奖,儿子心里面美滋滋的。我做好饭后,儿子又帮我端碗。当他把汤碗端到爸爸面前的时候,爸爸对他说:"儿子,谢谢你。"

晚上，儿子在日记中写道：我只是帮爸爸妈妈做了一些简单的家务，可是他们却能够感受到我对他们的爱，我也更加理解爸爸妈妈的艰辛了……

身为父母，接受孩子的爱的那一刻，我们会感到无比幸福。而对于孩子来说，如果我们能够接受他们的爱，他们也是幸福的。现在的孩子，只要父母给他们表达爱的机会，他们就不一定是自私、冷漠的。

父母要明白，孩子成人比成才更重要这个道理，不要一味地向孩子施爱，也要适当地接受孩子的爱。这有利于孩子的成长，还能提高家庭的幸福指数。

其次，学会向孩子索取爱。受传统观念的影响，父母在孩子面前总是强者的形象，用最无私的爱包围孩子，却剥夺了孩子爱父母的机会和权利。事实证明，父母这样教育孩子，并不利于孩子的成长。所以，真正地爱孩子，父母就要在孩子面前表现得弱一点，适当向孩子索取爱。

牧牧以前是一个非常冷漠的小女孩，她对爸爸妈的付出熟视无睹，对爸爸妈妈的辛苦工作漠不关心，还总是提出一些无理的要求。为了牧牧的成长，爸爸妈妈意识到应该教她学会付出。正好，爸爸要出差一段时间，于是爸爸妈妈决定利用这个机会好好地教育牧牧。出发前，爸爸对牧牧说："丫头，爸爸要出差一段时间，这段时间你在家好好照顾妈妈，要懂得关心妈妈，知道吗？"牧牧像小大人似的点头应允："爸爸放心，我一定会好好照顾妈妈的。"

结果,爸爸刚走没两天,妈妈的胃溃疡又发作了。妈妈的胃疼得难受,什么也吃不下。牧牧看到妈妈难受的样子,心疼得直流泪。于是,妈妈让牧牧帮自己拿药,并让她学着做饭。看到牧牧笨拙的动作,妈妈也非常心疼,但是为了好好地锻炼她,妈妈狠下心没有去帮她。在这个过程中,牧牧深深地理解了妈妈的艰辛,学会了怎样去爱别人,对妈妈也是悉心照料、用心照顾,比以前懂事多了。

亲爱的父母们,如果你是真的爱孩子,那么请让爱回归本真,适当地接受孩子的爱,给孩子表达爱的机会。要知道,让孩子当大树,孩子就能顶天立地;接受孩子的爱,孩子就能成为一个富有爱心的人。

第三章

以孩子为师,帮助孩子发现自我

犹如世界上没有完全相同的两片树叶,每个孩子都是独一无二的。每个人都是一座大山,每座山都有各自的丰富与美丽。以孩子为师,父母要在向孩子学习的过程中,帮助孩子发现自我,让他成为他自己,做最好的自己。不管有没有人欣赏,都要开出自己的花。如果你的孩子表现出了与众不同的特质,那么请保护他、呵护他,让他成为自己;如果你的孩子没有表现出与众不同的特质,请发现他的闪光点,善待他的兴趣爱好,让他找到自己。

3.1 你真的了解自己的孩子吗?

古人有这样一句话:知子莫若父,知女莫如母。大概就是说最了解孩子的,莫过于孩子的父母。但是在如今的家庭教育中,很多问题正是父母对孩子的了解太少导致的。随着时代的进步,孩子们从小接触的信息量猛增,相信家长们都有这样的体会:孩子的想法变化太快,家长稍不留神就跟不上了,很多时候不知道孩子喜欢什么话题,更不知道孩子心里在想些什么。在这样的情况下，更谈不上对孩子的了解了。

对于孩子的了解有限，不仅是父母的烦恼，同时也会给家庭教育和孩子的发展带来负面影响。比如很多时候，父母总要干涉孩子的未来之路，或者认定孩子的选择有问题，这在很大程度上是父母对孩子的不了解造成的。

一个周末，小刚吃完中午饭，立刻就抱着足球冲出家门，因为他前一天就跟楼下的小伙伴们约好了要一起踢足球。然而，令小刚没有想到的是，他刚到小区旁边的球场没一会儿，妈妈就跟了过来。妈妈对正在做准备活动的小刚喊道："小刚！赶紧回来！"

小刚有些不高兴地走了过来，说："妈妈，又怎么了？我昨天晚上都写完作业了，就让我好好踢场球吧！"

"你这孩子，谁让你放下碗就跑的？今天下午你还有奥数班，一会儿就要上课了，在这里踢什么球啊！"妈妈一边说着，一边拉起小刚就要走。

"不，我什么时候同意报奥数课了？"小刚挣开妈妈的手，大声喊道："我不想上什么特长班！我一周只能踢这一次球，你凭什么不让我踢？"

妈妈坚持要带小刚走，小刚坚持要踢球，母子俩在球场上吵了起来。

孩子参加特长班本是好事，可是为何小刚不但不感激妈妈，反而与妈妈起了冲突？其实，孩子何尝不懂父母的良苦用心，只是妈妈从来都不了解小刚有多么喜欢足球，他做梦都想像梅西那样在球场上奔跑，过年偷偷攒下的压岁钱也是用来买梅西的球衣的。在学校，他最爱跟喜欢足球的同学们一起谈论足球明星。同学们有的喜欢梅西，有的喜欢C罗，有时争得不可开交，但是到了球场上，大家都是齐心协力的好队友。小刚太喜欢这种在绿茵场上跟小伙伴们一起拼搏的感觉了。

可是，这些到了小刚妈妈口中，只有四个字：不务正业。妈妈认为一切要以学习为重，踢足球不仅野蛮，容易受伤，而且非常耗费体力。小刚踢一场足球回来，满身大汗需要换洗衣服不说，还累得没有心思再学习，这怎么可以呢？在小刚妈妈的脑海里，儿子首先要搞好学习，其次是周末参加奥数、钢琴之类的特长班。这些爱好不仅有助于学业，而且相当高雅，是踢足球这种活动所不能比的。正是因为小刚妈妈的这些想法不被小刚接受，母子之间的矛盾才不可避免地爆发了。

其实出现这种情况，主要问题还是在父母。培养孩子的爱好没有错，可是父母要明白，究竟什么才是孩子的爱好，什么才是孩子的特长。所谓爱好和特长，是指个人特别喜爱或者特别擅长的技能或特有能力。对于孩子来说，面对一个自己没有兴趣甚至非常讨厌的科目，怎么能谈得上爱好和特长呢？

正是因为很多父母对孩子的爱好和特长理解得不准确，才导致了类似小刚这样的情况，父母与孩子之间爆发激烈的冲突，甚至严重到无法调和。这是现代父母最容易出现的教育错误。父母希望孩子能够在接受学校教育的前提下，再拥有一项或几项爱好以及特长，于是就会想当然地让孩子参加书法班、美术班、舞蹈班、音乐班等，致使孩子的爱好和特长培养进入误区。家长在根本不了解孩子的情况下，盲目地为孩子增加"爱好"，孩子没有兴趣，自然会出现抵抗情绪。这样一来，父母和孩子都会陷入烦恼，可以说是得不偿失。

就像前边提到的小刚，小刚妈妈一定会觉得很吃惊：小刚居然这么不听话！可是她没想到，正是因为她对孩子缺乏了解，小刚才会表现得这么叛逆。很多父母甚至根本不在乎孩子有什么想法，有什么爱好特长，只想着让他按照自己的想法去成长，这无异于伤害孩子。所以，当父母听到孩子抱怨，看到孩子与自己作对时，怎么好意思指责孩子不听话呢？

父母不妨静下心来回忆一下：自己在十几岁的时候，难道就没有经历过这样的事情吗？自己的爱好，难道就没有遭遇父母的阻拦和不理解吗？为此，你是不是生过父母的气，是不是觉得父母太过霸道，过多地干涉自己的生活？

当你如此回忆一番后，你就会发现，自己怎么也成了当年那个被讨厌的爸爸或是妈妈呢？同样从少年时代走过的你，一定会明白，孩子有自己的兴趣爱好，也许这个兴趣爱好在别人的眼里很不可思议，或是微不足道，但这是他的最爱，是他的精神支柱。这种兴趣爱好会影响每一个孩子的思想，占据着他们的生活，有的孩子甚至将这种爱好视为其一生的追求。

父母要想真正地了解自己的孩子，必须首先尊重孩子的爱好和选择。看到孩子追求自己的梦想，家长应学会尊重，而不是压制。孩子虽然年龄小，但他们知道自己喜欢的是什么，也知道如何努力，才能把喜欢的事情做到最好。所以，只要孩子的追求是健康有益的，我们就应该尊重孩子的决定。看到孩子爱踢足球，我们不妨为他准备几双合脚的球鞋；看到孩子喜欢拆东西，我们不妨给他买些机械和电子方面的入门书籍，在孩子的心中播下科技的种子……

如果你能做到这点，那么你就会发现，孩子的身上有着无限的可能性。试想，如果将来他真的成了足球明星或科学家，那将是多么令人欣慰和快乐的事情。即使没有成功，他也拓展了自己的能力，同时也收获了亲情，这不也是一件幸事吗？

其次，在了解孩子的过程中，家长不要过多地用一些命令式的语言，而是要以平等的姿态去探讨和引导。这样的沟通方式，能够调动起孩子的积极性，让他在父母的引导下，逐渐改变一些想法。如果孩子在这个阶段中找到了真正属于自己的兴趣，那么父母也应送上祝贺："孩子，我真的很高兴你能有自己的追求！"这样的父母，怎么会和孩子起冲突呢？

所以，父母一定要多了解孩子，不要想当然地为他作决定。也许孩子学习不好,但踢足球出类拔萃;也许孩子的物理很差,却能写出令人拍案叫绝的文字……这些都是他们的爱好和优点所在。父母应该在日常生活中多去了解孩子,发现孩子独特的才能,多鼓励、赞扬他,让他走出一条不一样的成功之路。

3.2 放下架子,从孩子的视角看一看

曾经有个研究机构做过一个实验,目的是了解幼儿对于活动空间和玩具的真实感受。考虑到孩子并不能够用语言去表达具体的感受,研究者设计了一些哭脸和笑脸贴画,请孩子们将它们贴到自己喜欢或不喜欢的地方。

结果发现,活动室内的一个区域被孩子们贴上了更多的哭脸,这说明大部分孩子不喜欢这个区域。然而,这个区域是存放玩具球的地方,理应是孩子们最喜爱的区域。后来经过仔细观察,研究人员发现,这里的玩具球总是引起孩子的争抢和矛盾,所以这里成了孩子们不喜欢的地方。

令研究人员不解的是,球的数量足够孩子们每人一个,球的大小也一样,依成人的想法,应该不至于引起孩子们的争抢。但研究者最终发现,孩子们经常争夺的只是其中的一只球,这只球上面印有机器猫的图案——工作人员在准备球的时候,由于数量不够,临时从家里带来一只,结果这只与众不同的球反而引起了孩子们的争抢。

　　如果不是研究人员的仔细观察，我们可能不会想到，这些在成人眼里差不多的玩具球会因为上面所印制的图案，在孩子眼里产生如此大的区别。也许在成人看来，球只是用来玩的，上面的图案无关紧要。但在孩子的眼里，画有机器猫的那只球最吸引自己，在与小伙伴们一起玩球的时候，如果能够占有这个印有机器猫的球，简直是一种胜利的象征。

　　其实，这种视角和感受的差异，在孩子和大人之间是普遍存在的。作为家长，回忆一下自己的童年，我们大多会发现，自己小时候看到的世界的确与成年之后所认知的世界有很大的不同。比如，小时候我们觉得大人都非常高大，屋后的那片草地简直就是望不到边的田野，月亮是跟着自己走的，爸爸是天下最厉害的人。我们甚至还能想起小时做过的一些不可理喻的蠢事——记得我小时候就曾经用小刀把手指割了个大口子，纯粹是为了试试当时爸爸给自己新买的那把小刀锋利不锋利。这在成人看来，简直是不可理喻。

　　明白了这个道理，家长在日常对孩子的教育过程中，不妨学着换位思考。也许经过这样的换位思考，原本教育孩子时所遇到的种种困惑，就会迎刃而解。比如，很多父母有这样的疑问：我真的很想与孩子好好沟通，和孩子成为亲密伙伴，可是无论我们怎么做，孩子与我们之间似乎总有那么一层隔阂，这让我如何是好？

　　其实，有这样的困惑的家长并不在少数，特别是那种平时工作比较忙，与孩子相处的时间有限的家长。我想说的是，与孩子沟通出现问题和困惑时，父母不妨试着放下自己家长的身份，用孩子的视角去看待所有的事情，用孩子的心去体会这个世界。因为很多时候，对于同一件事情，大人的感受与孩子的感受完全不同，这正是很多家长与孩子沟通不畅的根本原因。

想要真正了解孩子的感受和想法，父母首先要放下架子，试着让自己用孩子的视角去观察这个世界。为了实现这个目标，父母可以多阅读一些少儿心理类书籍，同时注意观察孩子们的言行，和他们相知、相近、相亲，以此了解孩子的内心世界。在每天的生活中，父母还应该多与孩子相处，与他们一起感受欢乐与惊喜。

父母不要排斥这样的行为，不要总是觉得和孩子在一起玩是"幼稚"的事情。要明白，这是你与孩子一同探索未知世界的过程。父母可以利用已有知识，引导孩子多进行思考，同时为他解答疑问。这样你就会发现，你与孩子的距离拉近了许多。

在与孩子一起感受生活时，父母不要敷衍了事，而是应当用孩子的视角细心观察。例如，当孩子趴在地上看小蚂蚁时，你不妨也蹲下来，然后好奇地说："咦？这些小蚂蚁为什么要搬家？"这样一来，孩子也会问道："对呀，为什么？"

这样的机会还有很多，大雁南飞，树叶飘落，这都是父母走进孩子内心的最佳时机。同时，父母还应把握孩子的动作、语言以及心态特点，建立与孩子相适应的内心世界，使自己的童心复归。例如孩子模仿青蛙时，你不妨也面带笑容地蹦蹦跳跳，让孩子感到，爸爸妈妈和他是一样的！

总而言之，只有用孩子的视角去看待世界，我们才会用更适合孩子的方法去对待他们。在前面的那个例子中，也许我们可以多给孩子投放几只印有机器猫的球，也许我们可以给孩子投放一些机器猫的贴纸，也许我们可以和他们一起看机器猫动画片，也许我们还可以多准备一些有关其他动漫人物的故事和玩具……可是，如果我们只用成人的视角去观察，就无法体察孩子们内心的想法以及他们赋予这个世界的意义。在这种情况下，家长根本不可能给予孩子正确的鼓励，更不可能让孩子充分发现自我并且自由地成长，这是值得每一位家长思考的问题。

3.3　不做孩子的"未来规划师"

相信每一位家长都有着一颗望子成龙、望女成凤的心，总是担心自己的孩子在成长的过程中走了弯路。于是，许多父母总想凭借自己的人生经验，替孩子作决定。孩子小的时候，上什么学校，父母决定；孩子上了大学，报什么专业，父母决定；甚至孩子以后找什么样的交往对象，也有许多父母巴不得亲力亲为，亲自来把关。

然而，这些父母没有看到的是，孩子有自己的思维和想法，他们的未来应该由他们自己规划，而不是父母。那些企图做孩子"未来规划师"的父母，往往并不能得到孩子的理解，有时甚至适得其反，导致孩子在发展过程中走了弯路。

父母必须明白,孩子总有长大的那一天。当他们有了自己的想法,有了自己的理想和努力方向时,遇到父母强加给自己的人生规划,就会自然而然地去抵制,由此引发的孩子与父母之间的各种各样的隔阂以及矛盾并不少见。要知道,即便只是十几岁的孩子,也已经对自己的未来有了一定的认识和规划。他们想要按照自己的想法,去开创属于自己的未来。这个时候,父母不妨放手,不要总是干涉孩子的生活。否则,一个正值青春年少的孩子,总是受到父母的管制,会不可避免地走上叛逆之路。

随着中考的结束,15 岁的小宇走到了人生的第一个十字路口。他没能考上父母向往的外国语中学,这让家人很是失落。这天晚上,小宇和父母围在一起商量这件事。爸爸说:"小宇,我们还是想让你去外国语中学,实在不行,就按择校生交钱让你去上。"

这个时候,小宇说:"爸爸妈妈,我知道你们是为我好,可是你们让我自己决定一次好吗?我想好了,我想去上普通中学。我喜欢美术,可以朝特长生的方向努力。高中阶段,我想针对美术学习一些专业知识,将来参加艺术高考,到更高的美术专业院校学习进修。我的目标是当一个设计师。"

爸爸妈妈听到小宇的话,当即一起反对:"不行!这怎么可以?孩子,艺考多么没前途,说出去都丢人!你还是死了这条心吧!"

小宇说："可是，我真的喜欢美术，我想我在美术方面也能闯出一片天空！"

"绝对不可能，我们不会答应你的！"爸爸咆哮道，打断了小宇的话。

小宇也火了，说："我就是不上外国语中学！"结果，一家人每天都在争吵，没了当年的温馨。

其实，父母何苦这么做呢？利用长辈身份的优势，也许会让孩子不得不接受你的命令，按照你的要求走下去，可是也不见得他就一定能成为你想要的样子。在孩子的成长过程中，由于受环境、智力、机遇、兴趣等因素的影响，家长所设计的道路不是每个孩子都能走得通的。例如，孩子喜欢文科，你偏让他学理科，结果就可能造成他原本的文学潜力被彻底扼杀，而在理科领域又做不到优秀。等他成年后，他一定会更加怨恨父母当年的行为，认为如今的一事无成正是父母一手造成的。

没有一个父母希望孩子长大后回过头来怨恨自己，也没有一个父母希望孩子总是抱着敌对的情绪对待自己。所以，对于孩子未来的方向和规划，父母应当学会适当放手，让他们自己决定未来。特别是当孩子进入初中、高中阶段，他们已经有了较为成熟的思维能力和辨析能力，对于自己该做什么，擅长什么，已经有了清晰的认识。所以，当孩子面临决定未来的选择时，父母应多听听孩子的想法，让他自己来决定。

例如，当你和孩子因为文理分科犹豫不决时，你不妨耐心听听孩子的分析。如果孩子在文字、政史地方面有着浓厚的兴趣，那么我们就应该肯定他，对他说："孩子，爸爸妈妈支持你的选择，希望你能在文科世界里取得傲人的成绩！"前边例子里的小宇，虽然刚初中毕业，但是他对自己未来的想法和规划如此清晰、明确，他的父母如果坚持不同意让孩子按照自己的意愿去发展，就大错特错了。

有位哲学家说过："生命的价值在于选择。"但是现在，不少父母已经忘了这一点，他们不让孩子去做选择，而总是忍不住要替孩子做选择。于是，孩子只能按照父母的决定去做。那么，这些决定越正确，孩子的窒息感就可能越强。一方面，孩子获得的资源越来越多，能力越来越强，但另一方面，他的生命激情会越来越低。他们感受到了这一点，于是想对父母说"不"，但他们又一直被教育要听从父母的安排，所以连"不"也不能说了，只好用被动的方式去反抗。

有了自主意识以后，孩子就不再愿意什么事情都听父母的了，他们有了自己作决定的渴望。如果孩子的这种渴望长期不被满足，自主意识就会被抑制，自信心会受打击，很可能导致孩子产生消极的自我评价。长大以后，孩子可能会缺乏判断力和选择力，缺乏责任感，凡事依赖他人，缺乏主见。到那时，父母再想训练他们独立思考和作决定的能力，就会很难。

没有哪个家长不希望自己的孩子成才，父母的想法和期望本没有错，错的是有些父母用自己的意愿，过多地干涉孩子的选择，过度地去替孩子规划原本属于他们自己的未来。所以，对于孩子的选择，家长应尽量尊重，让孩子根据自己的爱好和特长选择适合自己的成长道路，让他们能够主宰自己的命运，做自己的"未来规划师"。

3.4　告诉孩子：你是独一无二的

就好像"世界上没有两片完全相同的树叶"，每个孩子也都是独一无二的。孩子一旦意识到这点，就会对自己有清楚的定位，不会再因为自己的成功或失败而患得患失，能真正成为自己的主人。因为他始终清楚，自己是独一无二的、有价值的。

利琴虽然刚读初中，可是她在全校已经很有名气了。她一直是个自信的小姑娘，每次考试成绩都名列前茅，特别是英语。最近，她代表全校在市里的英语大赛中获得了一等奖。在这次家长会上，老师还点名表扬了利琴妈妈："您培养的女儿很优秀。"

"在她几岁大的时候，我就知道她很优秀。这和她英语好没有什么关系。就算她英语不好，我相信她在其他方面也会很优秀。"利琴妈妈的回答，赢得了全场家长的热烈掌声。

回家后，利琴问妈妈在家长会上说的是真的吗。妈妈刮着利琴的鼻子说："当然是真的，你在妈妈心中一直都是独一无二的，而且是最优秀的。"

利琴知道自己并不是最优秀的那个孩子，但是妈妈的话让她激励着自己努力成为最优秀的那个。让孩子知道他一直都是独一无二的,这是聪明父母的做法,也是真爱孩子的表现。

要想让孩子知道自己是独一无二的,父母首先要相信自己的孩子是独一无二的。假如有人想和自己换一下孩子,父母的第一反应就是直接拒绝。其实,在父母的心中,也有"自己的孩子独一无二、无可复制"的意识,只是我们很少正视这种意识罢了。

当父母抱怨自己的孩子没有别人家的孩子聪明的时候,要想到自己的孩子懂事;在父母埋怨自己的孩子学习不好的时候,要感恩自己的孩子有其他值得肯定的地方……自己的孩子在这方面表现得不好,但在其他方面会表现得好,每一个孩子都是不可替代的。

此外,要让孩子认识到自己的价值。每个孩子的存在都与众不同,但很多父母并没有认识到这一点,就好像在生活中,孩子不小心打碎水杯,父母会因为心疼水杯被摔碎而批评孩子,却不顾及孩子的感受。这会让孩子怀疑自己的价值是不是不如水杯。

孩子的心灵本来就很脆弱,需要父母的保护,父母不能因为孩子年龄小就忽视孩子的感受和想法,而是要让他们清楚地知道,自己是独一无二的。只有孩子和父母都具有这种意识,才会开始一段和谐亲密的亲子关系。良好的家庭教育,是要引导孩子认识到自己存在的价值,并帮助他成为有价值的人。

王舒烨是个很不自信的孩子,他的这种不自信好像从出生时就开始出现了。因为他出生之后就近视了，小小的年纪就戴上了眼镜，这给他的生活带来很大影响，特别是他不能和别的孩子一样参加剧烈运动。这让他很自卑。

有一次，妈妈特意告诉他："老师夸奖你最近学习进步挺大，还说要你好好坚持呢。老师和妈妈都相信你会取得更大的成绩。而且，妈妈觉得你很优秀，你应该自信地面对自己。"

"可是，我觉得自己还是比不上其他同学。"

"你就是你，这是你最大的优势，你是独一无二的。"王舒烨听了妈妈的话，顿时觉得有了信心。而王舒烨的妈妈在平时的生活中也开始有意识地暗示王舒烨，他逐渐自信、开朗起来。

故事中的王舒烨本来是个自卑的孩子，可是在妈妈的细心引导下，特别是在妈妈说了"你就是你，这是你最大的优势，你是独一无二的"之后，他开始对自己充满信心，性格也发生了很大改变。这就是信任的力量。

有的父母并不像王舒烨的妈妈那样看得见自己孩子的优势，而是经常在孩子面前说：小军听话，大家喜欢他；倩倩漂亮，大家喜欢她；静静会说话，大家喜欢她……这会在无形中让孩子滋生无助感，从而对自己的价值产生怀疑，想必这不是父母想要看到的吧。所以，适时引导，帮助孩子认识自身价值，才是父母所应该做的。

然后，消除孩子的恐惧，建立孩子的自信。恐惧是大多数孩子身上的共性，之所以产生恐惧，是因为不自信。父母要意识到孩子的自信源于成功的暗示，恐惧是源于失败的暗示。

在生活中，父母要细心观察孩子，当他们出现不自信、畏惧的情绪时，要及时地对孩子说："你是独一无二的。"或者给孩子一个坚定的眼神，或者一个拥抱，还可以拍拍孩子的肩膀。孩子在父母的爱的表达中，会建立起自己的成就感，获得自信。

与此同时，孩子只有树立自信，才可能形成良好的自我心理体验，不自信和畏惧心理就会减弱。所以，父母在日常生活中要鼓励孩子勇敢地面对所有困难，以强烈的自信来驱除内心的恐惧，真正帮助孩子挺起胸膛来迎接生活的风雨。

你的孩子可能和身边的其他孩子有很多相同或不同的地方，但它们都属于孩子的特点，是其他人无法取代的。父母要学会欣赏孩子，爱孩子，帮助孩子发现自我，让孩子成为独一无二的自己！

3.5　异想天开，是孩子想象力的体现

在孩子的成长过程中，细心的父母会发现，随着孩子对这个世界的了解的加深，他们的思想开始渐渐复杂起来，试图在脑海中构建起自己眼中的世界的模样。由于视角和思维模式的不同，很多时候，在大人看来，小孩子的很多想法是异想天开。他们对于这个世界的理解，很多时候并不符合成人的思维逻辑。不少家长因此而苦恼，觉得孩子脑子里一

天到晚都是些稀奇古怪的想法，这会对他们的成长有好处吗？

三年级的晓军是出了名的"精灵鬼"，他不仅对周围的一切充满兴趣，而且非常喜欢幻想，对那些看起来有点儿不切实际的目标充满渴望。不过，爸爸对孩子的这种"异想天开"不太满意，总想让晓军明白他的那些梦想是不切实际的。

一个周末，爸爸和晓军一起看电视。这时候，爸爸问他："晓军，你都已经上学了，爸爸问你，你对于自己的未来有什么规划吗？"

晓军挠了挠头，说："当然有啊，我的目标很坚定。我的目标是——登上火星，对火星进行考察，并且还要和很多的火星人交朋友！"

爸爸听完，大笑了起来。他说："你要去火星？我劝你还是死了这条心吧！你呀，就是白日做梦！"

爸爸的话让晓军一愣。他不明白，爸爸为何这么讽刺自己。

又过了几天，晓军主动找到爸爸，兴奋地说："爸爸，我有了新的梦想，相信这次你一定很满意！"

爸爸说："那你说说看吧！"

"我想坐潜艇到深海里去，看看到底有没有海底人的存在。"

爸爸大怒道："什么海底人！你能不能有点儿靠谱的想法？"

原本快乐的晓军，听了爸爸的话，很长时间都没有回过神来。从这以后，他再也不和爸爸说自己的梦想了，甚至连话也不想说，因为他害怕爸爸再次毫不留情地打击自己。

晓军的父亲正是很多中国父母的写照。这些父母总以为,孩子的智商是与生俱来的,自己不聪明,孩子就不可能是"天才"。于是,听到孩子的幻想,父母就会气不打一处来,认为孩子正在"发疯"。可是,父母不知道,虽然先天因素对于孩子的智商很重要,但是后天的引导也很关键。而孩子"疯言疯语"之时,恰恰是他们提高智商的过程,尽管他们的想法听上去很怪异、很离谱。

著名儿童文学家郑渊洁没有很高的学历,读到小学四年级就辍学了,但他创作出了皮皮鲁、鲁西西等一系列脍炙人口的童话人物,究其原因,是他从小就喜欢幻想,并且这种幻想不会受到父母的阻挠。郑渊洁的例子告诉我们,孩子们的那种看似离谱的思维,往往是他们创造力的源泉。或许从成人的眼光看,孩子的话是那么的可笑。但是如果从另一个角度分析,孩子们的奇思妙想所表现出来的创造性思维,是非常值得鼓励的。

所以,想要让孩子健康地成长,父母应当善待孩子的"异想天开",因为这是孩子探索世界的第一步。父母一定要把它当成孩子的一个优点来看待,并积极地鼓励他们,对孩子说:"你真棒!爸爸妈妈都想不到这一点!"

在美国,有这样的一个孩子,他总是有各种各样的想法,想象力让人吃惊。面对这样一个只有几岁的孩子,有的人告诉他的妈妈:"你还是管管他吧,天天胡说八道怎么行?"谁知,孩子的妈妈一笑,说:

"为什么要阻止他呢？他只是个孩子，而且有着丰富的想象力，这说明他很正常！"

有一天，这个孩子在院子里玩，突然，他制造出一阵很大的声音。正在做饭的妈妈问："孩子，你在做什么？"

这个孩子大声地回答道："妈妈，请你放心！我只是想要跳到月亮上去！"

孩子的话逗得妈妈哈哈大笑，她说："好呀，你在月球上好好玩吧，不过，可别忘了回家吃晚饭哦！"

这个孩子就在这样的环境中快乐地长大了。后来，他成了第一个登上月球的人，他就是阿姆斯特朗。拥有一个像阿姆斯特朗这样的孩子，相信是每个父母都期望的。但是，如果阿姆斯特朗的妈妈在他童年的时候就扼杀了他"月球行走"的梦想，他还能成为登月第一人吗？

其实，家长不妨回忆一下自己儿时的时光，应该也都是一样充满好奇，喜欢拆装玩具，有时会把钟表、收音机等拆得七零八碎，想要制造出自己想象中的神奇机器。这些行为，和如今的孩子们对手机和电脑等电子产品充满好奇是一样的。

每当孩子对某些东西产生浓厚的兴趣，并且有了异想天开的想法时，父母不要激动，"再胡搞，就打你屁股了"之类的话也不可脱口而出。虽然孩子的行为看似无理，但其实这正是他们探索世界的过程。也许他们只是想知道手表为什么会转动，手机为什么能通话。此时的训斥，只会打击他们探索的积极性。允许孩子有好奇心，面对孩子异想天开的想法和探索世界的行为放松心情，才是父母应该做的。

那么，我们该如何做，才能拯救孩子的想象力？我想应该从以下几个方面入手。

首先，认真对待与倾听孩子的想法。当孩子对事物充满好奇并提出问题时，父母不妨与孩子一起探讨研究。当孩子做出一些有违常理的事情时，父母不要急于用标准答案去否定，要试着用欣赏的目光看待孩子并加以鼓励。

其次，不要压抑孩子的好奇心。每个孩子都会有一种强烈的好奇心。当孩子对某些事物表现得饶有兴致并提出问题时，父母不能表现出厌烦的情绪从而打压孩子的信心，而应正确引导并做出合理的解释。

最后，让孩子参加各种社会实践。孩子的创新力和创造力，需要在社会实践中发挥、发展。父母应该鼓励孩子多多参与这些活动，让孩子在活动过程中开阔眼界、拓展思路，更好地提升自己的思维能力与创新能力。

除此之外，遇到问题意见不统一时，父母应该多与孩子沟通、探讨。多鼓励孩子，并给予他们足够的安全感，让孩子在充满爱的环境下成长。这样不仅能增强他们的求知欲，让他们勇于表达自己的想法，而且也能让他们的想象力得到更广阔的发展空间。

诚然，父母爱的初衷没有错，可是孩子眼中的世界跟大人的是不同的，制止孩子的异想天开会造成很多不良后果。轻者，无形中与孩子形成隔阂；重者，会扼杀孩子的想象力，让他的世界从此黯淡下来，没有了天真烂漫。对于孩子的异想天开，父母要学着宽容，可以这样告诉自己：爱迪生的脑子里全是奇思妙想，所以他能成为举世闻名的发明大王。懂得宽容，也许你的孩子就是下一个"爱迪生"。

3.6　帮助孩子成为最好的自己

在本节的开头，我想先和大家分享一个小故事：

一个小男孩从小就被父母抛弃，只能在孤儿院里长大。有时候想到自己是被父母遗弃的，他就会很难过，甚至想就此结束生命。

小男孩的神态和表情被孤儿院院长看在眼里。这天，院长拿了一块石头让小男孩去市场卖掉，但是他对小男孩说："不管市场上的人给出什么价格，这块石头都不能卖。"小男孩觉得很奇怪，但还是按照院长说的去做了。

到了市场上，小男孩拿出那块石头，不少人对这块石头感兴趣，几个人想出高价买下，可是小男孩没有卖。后来，院长又让他拿着这块石头去黄金市场上卖，在那里，小男孩发现石头的身价又高了不少。

回到孤儿院，院长语重心长地对小男孩说："其实，这就是一块普通的石头，可是它却能成为如此贵重的石头。一个人的生命价值完全取决于自己的态度，珍视自己的存在，你的生命才会变得更有价值。"

一块普通的石头，人如果看重它，它就变得价值连城。如果自己看重自己，那么也能做最好的自己。小男孩想到这里，变得积极起来。

事实上，每个孩子最初都是一块石头，在父母的教育下，他们或者被敲打成碎片，或者被雕琢成一块美玉。最好的父母，才能培养出最好的孩子。要给孩子适合他的教育方法，启动孩子自身的成长力量，帮助他们发现自己的优势，以优势来带动劣势，找到最好的自己。

如果院长不用巧妙的方法引导小男孩，小男孩可能很快就会心灰意冷地结束自己的生命，或者即使他活了下来，也可能一辈子都不会发现最好的自己。每个孩子都有成为最好的自己的潜能，但是前提是他对自己有清楚的认识，知道自己的潜能在哪方面，要做什么样的努力。

因此，教育的关键不在于我们给了孩子什么样的教育，而在于我们有没有帮助孩子认识自己，认识那个有巨大潜力的自己。

不管是在生活中，还是在学习上，孩子总会遇到一些困惑和难题，我们要鼓励他们认识自己的能力，挖掘自己的潜能，勇敢地进行尝试，接受各种挑战。

成轩一直很优秀，从小学一年级到四年级一直都是班长。可是在五年级的选举中，他却落选了，于是他闷闷不乐，学习的积极性也减退了。爸爸见孩子这样，就刻意带他去攀岩，因为攀岩是成轩最擅长的活动，甚至比爸爸表现得更好。

在攀岩的过程中，爸爸对成轩说："你的水平又提高了，爸爸还是输了，你比之前更优秀了。"成轩的情绪有所好转。爸爸接着说："孩子，爸爸说你优秀不只是在攀岩方面，在学校里也是一样。你连续当了四年的班长，说明你是有能力的，现在没有被选上，并不代表你退步或是不优秀了，你只是走在更优秀的道路上。"

爸爸的一席话让成轩豁然开朗。"对，我一直很优秀。"他对自己说。之后，成轩不再消沉。

父母要像院长和成轩的爸爸一样，帮助孩子认识自己，善于调节不平衡的自己，将自己的潜能淋漓尽致地施展出来，这样才会帮助孩子成长为最好的自己。那么，我们具体要如何帮助孩子成为最好的自己呢？这里有两个小方法，值得父母一试：

第一，鼓励孩子不断完善自己。院长没有觉得被父母遗弃的小男孩有多讨厌，而是用自己的方法帮助孩子找到自己存在下去的意义，使孩子产生完善自己的动力。孩子要正确地认识自己的优点和缺点，需要父母的帮助，因为父母是孩子最亲近的人，最了解自己的孩子。

每学期期末，我都会督促儿子写份总结。在这份总结中，儿子会写下自己认为自身存在的缺点，我也会写出我看到的儿子存在的缺点。我这样做，不是为了批评儿子，而是教育他面对真实的自己，努力完善自己的不足。儿子在我的鼓励下，暗下决心使自己变得更优秀。

认识自己，是一种难能可贵的品质。人无完人，只有一直完善自己，才可以在竞争激烈的社会中拥有一席之地。对于孩子来说更是如此。追求完善，做最好的自己，不应只是孩子的一种心态，更应成为孩子的一种习惯。

孩子都会成为那个最好的他，只是需要父母的发掘和鼓励。客观地认识和评价孩子，对孩子提出建设性的意见，孩子就会和孤儿院的那个孩子一样，找到属于自己的位置和价值。

第二，教会孩子自我激励。虽然说当孩子遭遇困难和挫折时，父母的鼓励很重要。但"授人以鱼，不如授人以渔"，我们不可能永远待在孩子身边，与其让孩子等着我们的鼓励，不如让他们学习自我激励。这样，在遇到困难或遭遇失败时，孩子才会尽可能快地调整好自己的情绪，以坚强的意志继续迎接挑战。

教孩子自我激励的方法有很多，比如让孩子记下自己成功的事情，增强自信；教孩子暗示自己一定可以战胜挫折；帮助孩子学会控制自己的情绪，尽量产生积极情绪等。把这些自我激励的方法教给孩子，能让孩子在积极的自我激励中激发起潜能，坦然面对挫折，把最好的自己呈现出来。

3.7　把选择权还给孩子，引导孩子自己定目标

在现实中，我经常看到这样的情景：有的父母把孩子当作自己的私有财产，让孩子实现自己未能实现的梦想，总是按照自己的意愿给孩子定目标。这样的教育方法，对孩子的成长并不利，因为这会给孩子很大

的精神压力和负担。在高压下学习，孩子的身心健康都会受到伤害。

亚茹没有明确的学习目标。她每天都是按照老师的要求做，按时完成作业，完成老师布置的任务，利用紧张的业余时间做一些自己喜欢的事情，学习生活丰富多彩。可是，妈妈见亚茹没有明确的学习目标，非常着急。"丫头，还有一年就要中考了，你现在可要树立目标，这样学习才有动力，你才能考上重点高中。"妈妈对亚茹说。

亚茹认为妈妈这样做有些小题大做，只要自己每天认真学习就可以，没必要非得定一个学习目标。妈妈见亚茹并没有给自己定目标，于是便给她定下了明确的学习目标：月考必须前进 3 个名次，期末考试必须考进前 5 名。为了督促亚茹学习，保证她的学习效率，妈妈干脆把学习目标打印出来，贴在了亚茹的床头。

妈妈的做法给亚茹增加了很大的学习压力，亚茹变得浮躁起来，学习效率大大降低，成绩也受到影响。

诚然，妈妈希望亚茹有一个学习目标，这样的想法并没有什么错，但妈妈用错了方式。身为父母，我们不能为了满足自己的虚荣心而给孩子定目标，更不能强制孩子实现我们为他们定下的目标。

为了激发孩子内在的学习动力，促进孩子健康、快乐地成长，父母应该让孩子自己定目标，寻找前进的动力。明确的目标是成功的一半，要让孩子自己定目标，让他们找到奋斗的方向。这样孩子才不会在学习的过程中迷失自己，才能把"要我学习"转变为"我要学习"。父母把选择权还给孩子，让孩子自己定目标，可以激发孩子学习的积极性，打开孩子的智慧之门，让孩子早日成才。

父母不妨从现在开始，转变错误的教育方式，引导孩子自己定目标，让他们迈出走向成功的第一步。

首先，目标要具体可行。让孩子自己定目标，父母要根据孩子的情况给予不同的指导，让孩子把大目标分解成若干具体可行的小目标，切勿空泛。这便于孩子理解和接受，经过努力后能够达到小目标，有助于增强孩子的自信，促进孩子取得更大的进步。

儿子读小学四年级时，学习成绩非常不理想，总是在班级中等位置徘徊。经过和儿子的班主任老师交流，我决定让孩子树立明确可行的学习目标，帮他提高学习成绩。于是，我和儿子进行了一场深入的谈话，认真地分析了他的学习现状，并明确了儿子在学习中的优势和劣势。儿子认识到自己有很大的进步空间，学习潜力非常大，这让他信心倍增。

根据儿子在计算题中经常失分的情况，我让他加强这方面的练习，争取避免马虎大意的失误。于是，儿子制订了具体的学习计划：每天做20道练习题，每出现一处错误，加罚5道。平时，他的爸爸也会经常抽出时间，定时定量地督促儿子做一些练习题。

一段时间以后，儿子的计算能力进步非常快，计算题也很少失分。久而久之，他的考试成绩提高了好几个名次。

一个适当的目标，会激励孩子不断超越自己，取得进步。父母最熟悉自己的孩子，应该像我那样帮孩子认识自己，找准位置，从而树立更加科学的目标，制订具体的学习计划。这样可以提高孩子的积极性，达到理想的效果。

其次，让孩子只盯着一个目标。美国作家爱默生曾经说过："生活中有件明智的事情，就是精力集中；有件坏事，就是精力涣散。"同理，如果孩子在学习生活中树立的目标太多，那么势必会精力涣散，不能专心致志，学习效率肯定会受影响。

所以，父母要让孩子制定合理的学习目标，然后只盯着一个目标。这样孩子学习的时候，才能全神贯注，提高学习兴趣，最终实现学习目标。

此外，只看终极目标，不计一时得失。父母要注意，让孩子树立学习目标，其目的是为了促进孩子学习，而不仅仅是为了目前的考试。所以，父母要端正教育心态，让孩子树立目标，但应重视最终目标，不要因为孩子的一两次失利而苛责他们。

自从儿子读小学起，我就告诉他："学习最关键在于你努力的过程，而不是一两次的考试成绩。你只要做到当天功课当天复习，一日事一日毕，业余时间你就可以做一些自己喜欢的事情。"

在我的教育下，儿子逐渐养成及时复习的好习惯和轻松的应试心态，很少因为月考、期中考试、期末考试而紧张。他知道，妈妈关心的不是他的学习成绩，而是他是否努力地学习了。

有一次，在小升初的模拟考试中，儿子因为身体不适数学没有考好。对此，我并没有批评他，而是一如既往地关心他、鼓励他。在我的影响下，儿子调整心态，正常面对，轻松迎战，在小升初的考试中正常发挥，最终考上重点中学。

我能够以长远的眼光看待儿子的教育和成长，并不因为儿子的一次失误而斤斤计较，而是鼓励他，让他获得坦然、积极的心态，这是我给儿子最大的财富。

3.8　开放式教育，让每一个孩子自由呼吸

在老师的眼中，兰兰是一个学习非常刻苦，并且十分听话乖巧的孩子。可是在同学们看来，除了这些以外，兰兰也是一个很高傲的女孩子，因为她不愿与人交流。其实，兰兰的社交能力薄弱，完全是妈妈错误的教育方式所造成的。

兰兰妈妈对兰兰在学习方面的要求非常严苛，从小对她采取封闭式教育。妈妈告诉兰兰，学习是必须放在首位的头等大事，其他的都不重要。兰兰从小被灌输的就是这种思想，除了按时上下学和平时参加一些课外补习班外，兰兰没有一点儿属于自己的私人时间，一直都是乖乖地听妈妈的话，接受妈妈的安排。就算空余时间在家，她也是选择做一些练习题和看一些学习方面的辅导书籍，很少和同学们一起嬉戏打闹，更别提主动参加学校的课外活动了。

虽然兰兰的学习成绩在班上一直处于领先水平，也深得老师和家长的喜欢，但她并不开心。兰兰并不是不喜欢融入同学们，她的内心也非常渴望有朋友，只是她实在不知道应该如何与同学们交流、相处。课外活动时，看着同学们玩得高高兴兴、满头大汗的样子，她总是一脸羡慕。

在现实中，很多父母像兰兰妈妈一样，为了让自己的孩子不输在起跑线上，把孩子的学习当作重中之重来对待。为了避免孩子受到外界的干扰，不能专心学习，他们会采用一些比较封闭的方法来教育孩子。

"两耳不闻窗外事，一心只读圣贤书"，表面看起来这是十分有利于孩子学习的教育方法，事实上却会在今后的方方面面对孩子产生不良的影响。因为它不仅让孩子在校园生活中和同学之间缺乏交流与沟通，对孩子在社会上生存也会产生一定的障碍，会让他们心灵脆弱，情绪不稳，不能勇于承担责任等。

所以，父母应该舍弃传统的教育方式，试着采取开放式的教育方法来引导孩子，鼓励孩子与同龄人多接触，更多地融入社会生活，让孩子在一个轻松快乐的环境中自由、全面地发展。

那么，我们应该如何开展这种开放式的教育呢？我总结了几点与大家分享：

一是给予孩子足够的私人时间。很多父母在时间上对孩子的要求近乎苛刻，会用严格的作息时间表来牢牢地掌握孩子的动向，以为这样就能让孩子养成良好的习惯，但结果往往正好相反。孩子没有属于自己的私人时间，更没有时间去发展自己的兴趣爱好。长此以往，他们就会产生一种逆反心理，反而不利于孩子的成长。

文文已经上中学了，可是爸爸对他的教育丝毫没有放松。除了在学校上课外，其他时间文文都是在家里补习功课和做一些习题。即使节假日，他也是待在家里，很少出去玩。

直到上了高中，文文开始住校。与同学们的接触多了，他才发现，原来同学们都有属于自己的私人时间和兴趣爱好，课余生活也是丰富多彩。反观自己，除了学习外一无是处，生活过得索然无味。长期枯燥的学习生活，让文文的心理开始发生变化，并有意无意地与爸爸唱起反调。

后来，爸爸与文文深入地长谈了一次，了解情况后，他也开始反思自己的教育方法，决定试着做出改变。爸爸对文文说："爸爸之前对你严格，是担心你不懂事而耽误学习，现在你已经长大了，可以拥有自己支配时间的权利，但凡事要定下目标，做好规划。"

"您就放心好了。"文文非常爽快地答应了。

自从爸爸放手后，文文的自由时间便多了起来。做完作业，他不仅可以去找同学打球，还可以做一些自己感兴趣的事。生活变得不再单一，文文的脸上也露出了久违的笑容，和爸爸之间那种紧张的关系也缓和了许多。

这个故事中，爸爸意识到对孩子采取了错误的教育方式以后，及时做出了改变，用开放式的教育方法去教育孩子，使孩子在一种身心健康的环境下愉悦地成长，生活也越来越丰富多彩。

二是教育内容要多样化。开放式的教育除了给予孩子足够的私人时间外，在课外内容上也要做到多样化。这种多样化不是报考各种补习班与兴趣班以及做练习题，让孩子没有自由活动的空间，而是要让孩子学着走进大自然，走进社会，鼓励孩子踊跃参与社会，热心公益与实践活动，丰富孩子的课余生活，增加孩子的阅历与知识，争取做到全面发展。

我和丈夫一直都比较开明，在儿子小的时候，我们就非常注重培养孩子的兴趣与爱好，并鼓励孩子学会自主独立。这种开放式的教育方法，为他以后的学习与生活打下了非常坚实的基础。

每次外出游玩，我一路上都会耐心地给孩子讲解遇到的一些有趣的人和事，和儿子一起展开讨论，并利用社会实践引导孩子提高处事应变的能力。对于孩子提出的一切问题，我也是做到有问必答。比如，为什么城市要建高楼大厦，而乡村没有？为什么有些房子的形状看起来这么奇怪？对于这些看似有点无厘头的问题，我总是耐心地回答儿子，激励他探寻未知的真相。

正是我的这种教育，保留了儿子的好奇心，让孩子对未知事物充满求知欲，热爱生活，并对建筑产生了浓厚的兴趣。在后来的学习中，儿子一直在自己所喜爱的专业领域里奋斗前行,不仅在毕业时交了一份满意的答卷,还拥有了一份人人羡慕的工作。

我的做法让孩子很好地发挥了自己的兴趣爱好,对他以后的生活与工作也产生了一定的影响。

从现在开始,父母不妨学着丢弃那些陈旧的教育观念,用开放式的方式教育孩子,大胆放手,让孩子充满自信地走出去,走进社会,走进大自然。让孩子发挥特长,有一个快乐自由的童年,或许可以成就孩子的一生。

以孩子为师,发现教育的真谛

社会的多样化,让父母教育孩子的方式也花样繁多。然而,最终的结果往往都不理想。教育的真谛是什么?孩子会继承父母优秀的资质,也会复制父母不良的习气,同时也有自己独有的特质。以孩子为师,我们要把教育的重点放在自己身上,反省和检讨自己,透过孩子不断地发现自己的问题。这就是教育的真谛。

4.1 用心呵护孩子的美丽心灵

苏霍姆林斯基曾说:"如果善良的情感没有在童年形成,那么,无论什么时候你也培养不出这种情感来。"假如要评选出世界上最美丽的物品,我想,孩子纯洁的心一定是其中之一。孩子的心灵就像还未绽放的花蕾,没有父母的呵护,便无法开出美丽的花朵。

每一个孩子都是降临在人间的天使,他们的心灵就像纯洁的水晶一般澄澈无瑕。可是,作为父母,当我们努力培养孩子的技能和特长时,是否已经渐渐忽略了那幼小而美丽的心灵呢?

孩子因为年纪小，没有完整的世界观和价值观，心理承受能力比较差，所以在教育孩子的过程中，父母一定要小心呵护孩子的心灵。然而，有些父母觉得孩子年纪小，不懂事，就拿一些谎言来骗孩子。孩子很天真，对父母的话深信不疑。当父母无法兑现自己的承诺时，孩子就会失望，甚至学会骗人。

相信大家一定遇到过这样的情况：当孩子晚上贪玩不睡觉时，父母一般会采用吓唬孩子的方法："你再不睡觉，一会儿大灰狼就专门来叼你这种孩子！"或者"别哭了，一会儿妖怪就要来抓爱哭的小孩子了！"孩子或许会被一时的恐惧吓住，停止胡闹。父母或许只看到这种方法的好处，却忽略了其背后的负面影响。孩子的心灵很容易受伤，当你把"大灰狼""老妖怪"这些恐怖的东西灌输给孩子时，会让他的胆子越来越小，甚至畏首畏尾。

我的一个朋友告诉我，他小时候经常被父母这样"吓唬"。他出生在农村，因为父母每天都忙于农活，又怕他一个男孩子太调皮到处乱跑，所以就对他说："外面有人贩子，你要是到处跑，人贩子就会来抓你，然后把你卖到别的地方天天干活儿，不给饭吃。"他被吓得不敢出门。虽然后来知道父母说的都是假的，但是那种恐惧感依然围绕着他，让他的戒备心变得很重，在陌生的环境里不敢冲、不敢闯。

除了"恐吓"，父母还有一种惯用的手段，就是"哄骗"——"宝宝听话，只要你好好吃完饭，妈妈就给你买巧克力。"在"恐吓"和"哄骗"屡试不爽的情况下，父母渐渐变成"人贩子"式父母。其实，孩子的愿望只需要看一部有趣的动画片或爸爸妈妈给他们讲一个故事就能满足，不见得非要物质奖励。哄骗孩子既降低了父母在孩子心中的形象，又让孩子学会撒谎，何必呢？

孩子身上的问题，大多数和父母脱离不了关系。当母亲看到蟑螂而尖叫时，孩子就学会了害怕；当父亲对穿戴漂亮的人报以夸奖，对满身污垢的人报以嫌弃，孩子就学会了嫌贫爱富。虽然父母没有对孩子刻意地强调这些，但是孩子在平时的耳濡目染中就学会了。因此，当我们发现孩子有什么做得不对的地方时，一定要先反省自己的教育方式，尽早发现问题，引导孩子改正缺点，培养良好的习惯。

一个 7 岁的熊孩子，趁没人注意的时候竟然在电梯里撒尿，而且持续了十几天。电梯里空间狭小，又不能时常通风，所以总是充满了尿臊味。尽管物业每天都及时打扫，可这种情况依旧没有好转，地上和电梯壁上依旧每天都有尿迹。

后来，经过查看监控录像，物业才发现是 20 楼的这个小男孩所为。为了保护孩子，物业并没有声张，而是私下找了男孩的妈妈，希望她能好好教育教育孩子。直到这时，男孩妈妈才知道是儿子惹了祸。

可是，她并没有打骂孩子，也没有惩罚孩子，而是耐心地批评了孩子，并且在业主群写了一封道歉信，检讨自己没有教育好孩子，给大家的生活带来了不便和烦恼。并且说："通过批评教育，孩子已经知道错了，希望各位业主原谅。他也决心打扫电梯间一个月，作为道歉和补偿。"

当然，这位妈妈也给孩子做了很好的榜样，第二天，人们就在电梯间看到了一份检讨书——这是孩子自己亲手写的检讨书，虽然字迹有些稚嫩，但是却态度诚恳。他在信中说：我要和大家说对不起，我做了不文明的事情，破坏了小区环境。希望大家原谅我！我一定改正错误，并且做到不随地大小便、不随意扔垃圾、不破坏公物……

事后，很多人都为孩子的知错能改和妈妈的教育方式点赞。正是因为这位妈妈率先自我检讨，才让孩子真正认识到自己的错误，并且积极改正了自己的错误；正是父母潜移默化地影响，孩子才逐渐改正了不好的习惯，养成了良好的习惯。

"我的孩子实在是太不听话了！""我的孩子总是拖拖拉拉、丢三落四！""我的孩子特别喜欢撒谎！"好像我们大家都生了一个"坏孩子"。其实，如果我们能学习一下静静妈妈的方法，在孩子犯错时先从自己身上找原因，你就会发现，孩子身上有特别多的美好品质在等着你去发掘。

可是在现实生活中，有多少父母能做到这一点呢？大多数父母一看到自己的孩子犯错，就会火冒三丈，对自己的孩子又打又骂。一味地斥责孩子，只会给他们幼小的心灵带来创伤。因为打骂只会告诉孩子他做错了，可是对于正确的做法应该是怎样的，孩子是不知道的。我们应该通过奖励和赞美告诉孩子哪些事情是对的，让他们朝着正确的方向发展。

和孩子外在的身体营养相比较，精神上的滋润更重要。孩子澄澈明净的心灵非常宝贵，这需要每一位父母通过恰当的方式来呵护。为人父母，我们应该多提升自己，多反省自己，多站在孩子的立场上看问题，和孩子一同成长。只有如此，我们才能了解孩子的内心世界，找到引导孩子的正确方法，保护孩子的心灵，让他们健康快乐地成长。

心灵的自由是父母给孩子的一份宝贵礼物。虽然孩子的有些想法会让人觉得是天方夜谭，但是"心有多大，舞台就有多大"，让我们一起为孩子的心灵插上自由的翅膀，让他们拥有一个自由快乐的童年。

4.2　与其让孩子"死"读书，不如让孩子"悦"读

爸爸对周天烨的要求非常严格，尤其是在读书方面。爸爸知道让孩子从小养成阅读的习惯，会让孩子受益终身，因此在生活中，他非常注重培养天烨的阅读习惯。在书的内容上，爸爸严格把关。为了避免孩子受到不良书籍的影响，爸爸在天烨的书架上摆满了作文书，并且禁止他看一些小说之类的书籍，即使文学小说也不许看。

天烨正在读小学五年级，非常喜欢阅读，可是让他整天阅读作文书，久而久之，他就对作文书失去了兴趣。天烨曾偷偷地拿回一些童话故事书和漫画书，可是爸爸发现后严厉地批评了他，并把书没收了。天

烨对爸爸说，他想看些其他方面的课外书，可是爸爸不以为然，对天烨说："你正在读小学，正是学习的好时候，与其看一些乱七八糟的书，还不如看一些作文书实在呢，这可以提高你的作文水平。"

天烨虽然不同意爸爸的观点，可是又不敢违抗爸爸的命令，只好看那些自己不感兴趣的作文书。渐渐地，天烨对阅读产生了抵触心理，越来越不喜欢读书了。

如今，很多父母深谙读书的重要性，因此总是强制孩子读书。即使有些孩子不喜欢读书，父母也会给孩子提出读书的要求，让孩子"死"读书。严格地讲，父母的这种教育方式，对孩子的身心健康非常不利。

要我说，与其让孩子"死"读书，不如让孩子快乐地阅读。父母总是强制孩子读书，对培养孩子良好的阅读习惯没有好处。因为在父母的强制要求下，孩子对阅读仅存的兴趣可能会消失，甚至会对读书产生抗拒心理。

所以，为了更好地教育孩子，父母要提高孩子的阅读兴趣，教孩子"悦"读。只有让孩子发自内心地喜欢读书，孩子才能乐于读书，其理解能力、阅读能力、分析能力和判断能力等，才会得到良好的锻炼，这对孩子的学习非常有好处。

说到这里，肯定有很多父母会问："如何让孩子'悦'读呢?"不要着急，下面就是具体方法，父母们不妨一试：

一是让孩子到大自然中去寻找读书的快乐。阅读有很多种形式，想要让孩子快乐地阅读，父母不妨经常带着孩子到大自然中去，让孩子在大自然的陶冶中获得阅读的快乐。所以，在日常生活中，父母要让孩子在大自然中观察、体会，培养孩子的阅读兴趣，激发孩子对生活的热爱。

海明威是蜚声文坛的大作家，曾获得诺贝尔文学奖，被誉为20世纪最伟大的作家之一。值得一提的是，海明威的成功和父母的教育有着很大的关系。海明威的父母非常懂得生活的艺术，这对海明威产生了积极的影响。

为了培养海明威对户外运动的兴趣，父亲专门把家搬到了环境优雅、气候宜人的橡树园镇。大自然美丽的景色，使海明威流连忘返，激发了他的好奇心。他经常随父亲出游，去湖边打猎、钓鱼。更为重要的是，大自然不仅开阔了海明威的眼界，增长了他的见识，使他的童年充满了快乐，更激发了海明威的阅读兴趣，使他迷恋上了读书。对海明威而言，读书是非常惬意的享受。他如饥似渴地阅读，广泛积累素材，为日后的文学创作奠定了良好的基础。

从海明威的故事中，我们可以看出，父母让孩子走进大自然，不仅可以给孩子一个快乐的童年，而且对孩子的快乐阅读也非常有帮助。所以，父母要带孩子走出家门和校门，走进大自然，让孩子快乐阅读，健康成长。

二是不命令孩子，让他们乐于阅读。在生活中，我经常听到这样的话："到读书的时间了，快去看书!" "今天必须把这本书读完，要不然不能睡觉!" 父母习惯用命令的口气让孩子读书，在这种情况下，孩子很容易产生抵触情绪，对孩子的"悦"读非常不利。所以，父母要尝试着用询问或者选择的方式劝孩子读书，比如"今天能把这本书读完吗?"要提高孩子读书的自主性，让他们享受读书的快乐。

对儿子而言，读书是一件非常快乐的事情，这是因为他从小就在我的教育下养成了良好的阅读习惯。我和丈夫平常喜欢读书，不怎么看电视，经常捧着一本书认真地看。我们不仅自己看书，还鼓励儿子多看书。耳濡目染下，儿子也喜欢上了读书。

不过，儿子是一个有些贪玩的小男孩。他经常因为看电视或者玩游戏而忘记了读书。这时候，我们总会亲切地对他说："儿子，玩够了没有? 现在咱们是不是该去读书了?"然后，儿子便高兴地和我们一起看书。

渐渐地，儿子在我们的督促下养成了良好的阅读习惯。而且，经常和我们一起阅读，使他感受到了阅读的快乐。平时，在客厅或者卧室里，我经常看到儿子捧着一本书在津津有味地阅读。让儿子读书，我们没有命令他，而是用商量的语气要求他，并且注重言传身教的作用，为儿子做榜样。我经常和他一起阅读，达到了让孩子快乐阅读的教育目的。

4.3　如果是自己错了，也要向孩子认错

孩子的成长是一个漫长的过程。在这个过程中，亲子之间难免会发生各种矛盾。绝大部分父母会说"孩子不听话，太调皮，又任性"，但真实的情况是，很多时候，父母也会犯错。

然而，很多父母习惯了权威的角色，总是喜欢俯视和支配孩子，即便意识到自己的错误，也从来不愿意承认。如此一来，孩子一直都是过错方，不停地给父母道歉，进行自我反省。长此以往，孩子必然会失去自信，沉浸在接连犯错的挫败感中。

明智的父母能够客观评价亲子关系，一旦发生矛盾，也能公正地做出判断。如果是孩子错了，他们会采取适宜的方式指出孩子的错误，让他主动改正。如果是自己错了，他们也会鼓起勇气向孩子认错，告诉他，大人也会犯错，需要不断改进和学习。这样的父母，才能帮助孩子树立正确的观念，学会正确面对错误。

球球和妈妈是一对欢喜冤家。球球脾气火暴，这一点随妈妈。两个脾气暴躁的人在一起，总是时不时地吼两嗓子，不过很快就会忘记不愉快的事。但这次不一样，球球真的较劲了。

昨天晚上，妈妈看到球球一放学就顾着玩，马上发起了脾气，怒吼道："球球，你怎么不写作业就玩？你真是个不让人省心的家伙！"听到妈妈的河东狮吼，球球回过头淡定地说："妈妈，我的作业在学校已

经写完了。"

"哦！"听说球球的作业在学校就已经写完了，妈妈就像泄了气的皮球，只"哦"了一声就没了下文。不想，球球却不依不饶地说："妈妈，您应该向我道歉，您侮辱我了。"

球球刚上一年级，还没有准确地理解侮辱的意思。他大概是想说妈妈误解他了，并且还不由分说地批评他。然而，妈妈却说："我只是在提醒你写作业而已，和侮辱有什么关系？你这个小屁孩，还挑我的刺呢！"就这样，直到晚上睡觉时，妈妈也没给球球道歉。球球带着委屈，很晚才睡着。

睡前聊天时，妈妈把这件事情讲给爸爸听。不想，爸爸听了之后一本正经地说："我觉得你应该向球球道歉。否则，他以后犯了错误，也会想办法推脱的。"妈妈继续狡辩："不会那么严重的。"

爸爸严肃地说："你必须道歉，球球心里什么都清楚呢！你放心吧，道歉不会影响你在他心目中的光辉形象的，他只会觉得你是个勇敢的妈妈，会更爱你。"妈妈对爸爸的话半信半疑，但一想到球球以后有可能会推卸责任，不能勇敢地承认错误，她便决定，明天早晨一起床就向球球道歉，毕竟孩子的成长无小事。

次日清晨，妈妈早早起床为球球做好了早餐，然后喊球球起床。在球球还睡眼蒙眬时，妈妈不好意思地说："好儿子，妈妈昨天误解你了，向你道歉。你原谅妈妈吧。"听到妈妈道歉，球球一下子瞪大了眼睛，说："妈妈，我原谅您。不过希望您以后再想责怪我的时候，能先问清楚情况。"妈妈连连点头。

球球虽然年纪不大，但是思维很清晰。他知道妈妈之所以误会他，就是因为没有了解情况。不过，他得到妈妈的道歉就很满足了，他还是很爱妈妈的。就这样，球球和妈妈的关系重归于好。而且，经过这件事情之后，球球犯错时一定会主动地承认错误，表达歉意。

亲爱的父母们，孩子虽小，却心思细密。在和孩子的亲子交往中，如果是我们犯错，一定要及时承认错误，并且正式向孩子道歉。毕竟，父母是孩子的榜样，对孩子起到言传身教的作用。是父母的颜面重要，还是孩子的健康成长重要呢？相信对于这个问题，明智的父母一定能够分清轻重，做出正确的选择。

4.4　学习是孩子与生俱来的能力

很多父母会因为孩子的成绩不好而困惑与苦恼。其实，学习是孩子与生俱来的能力，而这种能力是可以通过培养来提高的。叶圣陶先生曾经说过，孩子天生喜欢学习，但不是天生都会学习。所以身为父母，我们要培养孩子的学习能力，而不是只看重学习成绩。

如果将孩子学到的知识比作"捕到的鱼"，那么对父母来说，最重要的是要指点和启发孩子掌握最有效的捕鱼技术，而不是父母捕到鱼后送给孩子，让他坐享其成。孩子的学习离不开父母的帮助和指导，但是父母不能包办代替，也不能无止境地提供帮助，否则就会使孩子形成一种依赖感。

牛牛是小学四年级的学生。有一天，他做作业的时候遇到了一道难解的数学题，就拿着作业本去问爸爸："爸爸，这道题怎么做？"爸爸一看是解方程的题，就按题意一步步写出算式，每写一步就解说一句，牛牛听后"嗯"了一声。等爸爸写完算式，牛牛高高兴兴地往本子上一抄，作业就完成了。

可是，问题很快就出现了。几天之后，牛牛遇到了同类的习题，可是他还是不会做。这是怎么回事呢？后来爸爸才明白：将一道题目的答案直接告诉孩子的时候，孩子并没有经历思考的过程，只是接受现成的结论，根本无法记住解题的方法，即使硬记住结果，也无法得到巩固。

于是，爸爸改变了辅导方式。牛牛再遇到问题时，爸爸采用反问法，启发牛牛自己思考，让孩子自己回答，逐渐向结果靠近，直至牛牛自己豁然开朗。

培养孩子的学习能力，首先要培养他们的学习兴趣。我们知道，兴趣是最好的老师。如果孩子对学习有极大的兴趣，他就会全身心地投入到学习的过程中去。其实，孩子在很小的时候就已经有了求知欲。还记得孩子小时候特别喜欢问"为什么"吗？面对孩子千奇百怪的问题，有的父母被问得张口结舌，有的则会不耐烦。

这些问题恰恰是孩子求知的萌芽。面对孩子一个接一个的问题，我们应该耐心地用通俗易懂的语言给孩子解释，引导他们对一些现象有感性甚至理性的认识。

在孩子年幼的时候，父母是他们心目中的权威，而父母们往往没有意识到这一点。在孩子渴望得到父母的肯定时，父母却经常毫不负责任地、轻而易举地摧毁孩子的求知欲。

曾经有一位妈妈教自己3岁的孩子画画，但是当她看到孩子把小鸟画成一个大黑疙瘩时，就十分生气地说："你太笨了，画的这是什么呀？"这对孩子学习的积极性造成很大的打击。当孩子做得好时，应及时表扬，可是当孩子做得不好或者失败时，要先发现孩子有创造性的一面，然后再鼓励他们。当孩子无法产生学习兴趣时，父母要耐心地帮助孩子找到学习困难的原因，帮助他们掌握科学的学习方法。

父母不妨现在就改变自己的教育方式，参照下面的方法，培养孩子的学习能力：

一是培养孩子独立思考的能力。要培养孩子的学习能力，父母首先应该培养孩子的独立思考能力。我们知道，家长教育孩子，除了让孩子学习知识，还应该教给孩子思考的技能，让他们学会独立思考问题，这是孩子能够解决问题的前提。

王涛正在读小学五年级。对于学习，他用自己的学习方法，不但效率高，而且不占用休息时间。他的学习成绩在学校里一直名列前茅。但这不是他与生俱来的能力，而是与他的妈妈对他的培养有很大的关系。

在王涛读小学的时候，虽然他学习也很认真，但学习成绩一直无法提高。由于王涛的妈妈是小学老师，所以他平时的作业都是由妈妈辅导的。每次，妈妈在把习题讲给王涛听的时候，王涛学得很认真，看起来都听懂了，但是一到考试的时候，王涛又不知道该如何下手了。

慢慢地，妈妈发现了这个问题。她决定改变教育方式，培养王涛独立思考问题的能力。从那以后，妈妈在辅导王涛学习的时候，不再把习题的解答方式讲给他听，而是有意识地引导他独立思考、分析问题。

经过妈妈近半年的教育，王涛的独立思考能力得到很大提高，并且学习成绩也提高了不少。更重要的是，王涛在思考中总结出了一套适合自己的学习方法，这让他终身受益。

二是培养孩子的学习兴趣。兴趣是最好的老师，也是孩子最大的内在学习动力。对学习充满兴趣的人，即使没有最好的外在条件，也会非常好学。因此，父母要激发孩子内在的学习动力，让孩子喜欢上学习，首先就要培养他们的学习兴趣。

值得一提的是，培养孩子的兴趣，并不是说要父母给孩子报各种各样的兴趣班，让孩子利用节假日去学习，这不一定能够培养孩子的兴趣。父母应该给孩子一些自由的时间和空间，让孩子自己选择喜欢的事情，这样更能激发孩子内在的学习动力。

宇轩是一个喜欢学习的小男孩，他的成绩一直名列前茅。在家长会上，同学们向他讨教学习的秘方，宇轩想了想，说："经常听到有些同学抱怨学习是一件又苦又累的差事，其实在我看来，学习是一件非常快乐的事情。也许这就是我的学习成绩一直比较稳定的原因吧。"

接着，老师又让宇轩的爸爸讲一讲怎样培养孩子的学习兴趣。爸爸说："和其他家长一样，我从孩子小的时候开始，就非常注重对他的教育，但我从不干涉孩子的兴趣。比如说，宇轩从小就喜欢搞小制作，可能有些家长认为这和学习没有直接关系，因此会禁止孩子做。可是我认为，孩子在完成小制作的过程中也会动脑思考，还能锻炼动手能力，提高孩子的学习兴趣。所以，我不仅不阻止宇轩搞小制作，而且给他很大的空间，让他自由发挥。当然，在这个过程中，如果出现问题，我也会引导宇轩去查找资料，有意识地培养孩子的学习兴趣。"

看到有些父母若有所思地点点头，宇轩的爸爸继续说："更为重要的是，在这种教育方式下，宇轩学得快乐，玩得开心，提高了学习的积极性。"

宇轩的爸爸真的是一位用心教育孩子的家长，从小就注重给孩子一个自由的成长空间，培养孩子的学习兴趣，激发孩子学习的积极性。这是一种行之有效的教育方法，父母们不妨借鉴一下。

三是为孩子创造良好的家庭学习环境。好的环境是孩子主动学习的保证，所以想让孩子主动学习，父母就要为孩子创设学习氛围浓厚的家庭环境，给孩子一个良好的学习环境。

以前我下班后，总是习惯看电视来打发时间。自从儿子上学后，我和丈夫便改变了以往的生活方式，注重为他营造一个良好的学习环境。每天晚上，我们一家三口都会聚在一起看书、学习，儿子写作业，我和丈夫就会看书。有时我们还会讨论儿子作业中遇到的难题，交流读书收获，分享学习的快乐。儿子觉得，在家庭中，他是学习的小主人，而爸爸妈妈则是他最好的学习伙伴，经常帮他解决学习中遇到的问题，对他的学习非常有帮助。

在我和丈夫的影响下，儿子养成了主动学习和阅读的好习惯。他经常看一些课外书，周末的时候，就缠着我和丈夫带他逛书店或者到图书馆去。

我们注重为儿子营造一个良好的学习环境，给他树立一个好的榜样，使他感到学习是一件非常快乐的事情，让他养成主动学习的好习惯。显而易见，我们的教育对儿子的学习生活是非常有好处的。

事实上，除了以上三个方法以外，关于培养孩子学习能力的技巧还有很多。值得注意的是，父母一定要谨记一点：学习是孩子与生俱来的能力，我们可以引导、培养孩子的学习能力，但不能控制他们的学习。父母只有改变以前的教育观念和方式，改变自己，才能为孩子创造一个美好的未来。

4.5　引导孩子学会独立思考

现在，父母在一些现代教育观念的影响下，开始注重培养孩子的独立性。可是，独立性是一个大话题，让许多家长感到无从下手。其实，要想培养孩子的独立性，父母首先要做的，是培养孩子独立思考的能力。

对孩子来说，只有从小掌握独立思考的法宝，才能够拥有创造力，更好地掌握自己的命运。作为父母，最重要的是要培养孩子的独立能力，让他们懂得如何思考，改变自己的人生轨迹，并为自己的人生绘出美好的蓝图。

就勤于思考这一点来说，现代原子物理学的奠基人卢瑟福就十分推崇。有一个小故事可以证明这一点：一天深夜，卢瑟福偶然发现一名学生还在实验室里埋头工作，便好奇地走上前去问他："今天上午，你在做什么？"学生答道："在做实验。""那么，下午呢？"学生说："做实验。"听学生这样回答，卢瑟福不禁皱起眉头，然后继续问道："你晚上在做什么？""也在做实验。"学生说完，奇怪地看着老师，不知道他想说什么。

没想到，卢瑟福大为恼火，严厉地斥责学生说："你一天到晚都在做实验，那你有没有想过，什么时候用来思考？"

在这个故事中，一个看似勤奋的学生遭到斥责，委屈无比，但实际上是恨铁不成钢的老师说出了他迟迟无法成功的症结所在。

爱因斯坦曾说："学会独立思考和独立判断远比获得知识更为重要，发展独立思考和独立判断的能力，应该始终放在首位，因为不下决心培养思考习惯的人，便失去了生活的最大乐趣。"世界著名的成功学家拿破仑·希尔说过："思考能够拯救一个人的命运。"他在一本名为《思考致富》的书中，深刻地揭示了运用大脑获取成功的最好办法，那就是思考。

对于《卓娅与舒拉的故事》这本书，相信很多父母并不陌生，它是一本介绍苏联卫国战争时期的青年英雄的图书，里面有一个故事，很符合本节让孩子独立思考的主题。那我们一起来看一下吧：

卓娅是一个好学的学生，但她的数学和物理课学得有些吃力。这两门功课，她经常做到深夜，可是始终不让舒拉帮助她。很多次，舒拉早已在准备第二天的功课了，可是卓娅仍然在做当天的功课。

"你做什么呢？"舒拉问。

"代数，我算不出这道题。"

"算了，让我来给你算。"舒拉说。

"不用，我再自己想想怎么做吧。"

时间一点点地流逝，转眼间一个小时就过去了。舒拉说："我去睡觉了。答案就在这里，你看看吧。"

卓娅连头也不抬，又做了很长时间。困了，她就用冷水洗脸，洗完后仍然坐在桌旁算题。

第二天，卓娅的数学作业得了优。可是，只有舒拉知道，这个"优"的代价有多大——这个代价就是"独立思考"。

独立思考对于正处于成长过程中的孩子们来说，是一个好的习惯。

可是，现在好多孩子一遇到难题，就向父母要答案。如果父母对孩子有问必答，时间长了，孩子就会养成依赖的习惯，遇到问题时不会独立思考，这对孩子的成长没有一点好处。

有一位教育专家曾经讲过这样一则笑话：在一所国际学校里，老师给各国学生出了一道题："有谁思考过世界上其他国家粮食紧缺的问题吗？"结果，班里的学生都说不知道。非洲学生不知道什么叫"粮食"，欧洲学生不知道什么叫"紧缺"，美国学生不知道什么叫"其他国家"，中国学生不知道什么叫"思考"。

这虽是一则笑话，但很值得我们的教育者反思。我们多年来形成的传统教育惯性，习惯于向学生灌输现成的科学知识，让学生只会被动地接受教师传授的知识，而不会独立地思考。

犹太民族的人口只占世界人口总数的千分之二，但他们所取得的成就却是最多的。比如，自从 1895 年设立诺贝尔奖以来，获奖者中犹太人占到了 17%。全美 200 名最有影响力的名人中，犹太人占了一半。

犹太人之所以能够取得如此巨大的成就，与他们的父母从孩子很小的时候就教育他们学会思考有很大的关系。他们时常问孩子这样一个问题："今天你提问了吗？"而提问正是思考的重要表现。

要培养优秀的孩子，在他们正在成长的时期，教育他们学会思考比让他们获得知识更重要，这会为他一生的成功奠定良好的基础。

一是鼓励孩子发表自己的看法。作为父母，在日常生活中，一定要鼓励孩子敢于发表自己的看法。即使他说得并不完全正确，也要让他说完，并给予恰当的指导，让孩子有自信地说下去。如果孩子发表了正确的意见，父母要及时肯定和表扬，增强孩子的信心。只有这样，他才能养成勤于思考的习惯，练就活跃的思维能力。

素有"绘画神童"之称的周小松，有一次跟随爸爸看石鲁的山水画展。在去看画展前，爸爸并没有告诉周小松这是个人画展。待他看了一圈后，走到爸爸跟前，对爸爸说："这些画好像是一个人画的，每幅画都很好。"

听儿子这么说，爸爸既惊喜又感到有些奇怪，于是问儿子："你是怎么看出来的？好在哪里？"周小松说："这些画用笔很好，每幅画虽然形态迥异，但布局都很好，气魄大。"爸爸满意地笑了。

或许一般的孩子并不太敢在大的场合发表自己的意见，而周小松却能够这么大胆，这与爸爸从小对他的鼓励有着必然的联系。正是这种鼓励，让周小松不仅在绘画上取得较好的成绩，而且在表述能力上也有不凡的地方。

二是父母要给孩子自己处理问题的机会。在孩子的学习和生活中，他们经常会遇到各种问题。对于这些问题，父母最好的处理方式是与孩子共同讨论，一起设计解决方案，让孩子在这个过程中学会分析和归纳以及处理问题的办法。这对提高孩子的思维能力和解决实际问题的能力有很大的作用。

比如，带孩子去商场或者超市，在结账的时候，可以让孩子注视收银台显示的数字，学着计算需要花费多少钱；或者在给孩子讲故事的时候，可以让他琢磨一下如果故事中的主人公换作是他，他会怎样做等。类似的处理问题的方法，会潜移默化地促进孩子多思考，培养他的思维习惯。

三是和孩子一起玩思维游戏。很多关于思维的故事和游戏，能锻炼孩子的逻辑思维能力，促使他们养成勤于思考的好习惯。因此，父母不妨在生活中为他们创造类似的游戏，培养孩子的思维能力。

一位父亲为了让淘气的孩子保持安静，想了个办法。他把儿子叫过来，拿出10元钱，对他儿子说："只要你能猜中我心里想什么，我就把这10元钱给你。"孩子高兴地问："是真的吗？"父亲点了点头，心中暗想，这下他可算能安静一段时间了。果然，接下来的两天，小孩子安静地思考这个问题。第三天，他认真地对父亲说："我知道你心里在想什么了！"父亲很惊讶："那你说说看！"孩子说："你不想把这10元钱给我。"

父亲很高兴，孩子的推理是正确的。他痛快地把10元钱给了孩子，又给他出了另一个难题。通过这些锻炼，孩子的思维能力越来越强，也不再那么淘气了，成了一个凡事喜欢思考的人。

"学而不思则罔，思而不学则殆。"一个人只学习而不去思考，就会感到迷茫。这足以说明，思考是孩子在学习过程中不可或缺的环节。孩子是否聪明，不在于掌握了多少知识，而在于是否会思考。所以，给孩子思考的机会，孩子才会真正变得聪明。

4.6 每个孩子都是不完美的天使

"金无足赤，人无完人"，这是每位父母都懂的道理。但是不少父母望子成龙、望女成凤心切，在教育孩子的时候，往往会忽略这一原则，对孩子求全责备，过分苛求。这样做的结果是，给孩子造成很大的压力，让他们的身心都难以健康发展。

孩子不完美，才会凸显父母的意义。孩子就像是父母的作品，看着天然、未经修饰的作品在父母的手中逐渐被打磨成趋近完美的模样，也是我们作为父母的幸福。

我的儿子在读小学时，学习成绩并不是很理想，处于班级的中下游。有一次期中考试结束后，儿子拿着试卷回家，因为知道自己考得差，所以就乖乖地等着我的训斥。

看着儿子一脸做错事的委屈之色，我走过去，轻轻地拍了拍他。他扬起小脑袋说："妈妈，我的成绩太差了，无论我如何努力都不行，我是不是很笨？"

我笑了笑，告诉他："孩子，我听老师说了，你上课认真听讲，作业也完成得很好。虽然你现在的成绩不太理想，但妈妈相信你会努力的。你不笨，你想想看，虽然你的学习成绩并不理想，但你的篮球打得很好，每次都能为班级争光。还有，你的画也画得很好，还为学校拿过奖，不是吗？每个人都是不完美的。你看，你的同桌浩浩虽然学习成绩比你稍好，但他不会打篮球和画画……"

听完我说的话，孩子高兴地笑了。他站起来，精神十足地说："妈妈，我会努力地把成绩赶上来的，我要做一个完美的天使。"

我也会心地笑了，对儿子说："妈妈不要求你做一个完美的天使，妈妈要你做一个快乐的天使就好。"

诚然，身为父母，我们都希望自己的孩子健康、聪明、漂亮，但是世界上并没有十全十美的孩子。特别是我们在面对孩子的缺陷或弱点时，很自然地就会产生厌烦情绪，想强制性地帮助孩子改正。但如果方式不当，常常会给孩子带来伤害。

试想一下，当儿子因为学习成绩不好而难过时，如果我对他严厉指责，会产生什么样的后果？我想只有两种可能：一是儿子更加不爱学习，同时产生逆反心理，对其他事情也不再积极；二是儿子在我的威逼下学习，学习成绩是否能够真正提高并不能确定，但我们的母子关系肯定不会如此和谐。不管是哪一种情况，都不是最好的结果，所以我接受了儿子成绩不好的事实，给予他信心。现在，他不仅学习成绩有了很大提高，更重要的是，他与我建立了良好的亲子关系。

所以，父母要接纳自己的孩子，不仅是优点，对缺点也要接纳；学会宽容地对待孩子，放手让孩子自然发展，不对孩子提出过高的期望，让他们自由成长。要知道，每个孩子都是不完美的天使。

要做到这一点，我建议父母可以尝试这样做：

第一，发现并放大孩子的优点。每个孩子都有成为"千里马"的潜质，但是可能因为父母不同，这些"千里马"最终的命运不尽相同。孩子的潜能和优点不是外在的，这需要父母主动地发现。

父母应该善于发现和放大孩子的优点，然后把找到的优点真诚地、及时地表达出来，让孩子在父母的赏识中培养自信，逐步迈向成功。在一些父母的眼里，孩子浑身是缺点，没有一点优点。事实上，没有优点的孩子是不存在的，不是孩子没有优点，而是父母没有发现。

第二，别将自己的期望加在孩子的身上。有的父母觉得自己的孩子不够优秀，是因为他们没有按照自己的期望来发展。一旦偏离了自己的期望和想象，父母就会抱怨自己的孩子缺点太多，不如别人家的孩子好。

父母对孩子有期望没有问题，关键是要把握好度。度把握得好，父母的期望会成为孩子积极向上的动力。反之，期望过高或过低，都会挫伤孩子的积极性。父母的期望只能给孩子提供参考，激励孩子有更大的进步，而不能将自己的梦想强加到孩子的身上。那样的话，就会适得其反，违背我们教育孩子的初衷。

父母要做的，就是摆正观念，对孩子提出一个合理的期望值，别给他们太大的包袱。因为每个孩子都不完美，让孩子勇敢地做自己，自然地成长，这样的孩子就是父母的天使。

4.7　批评孩子也是有技巧的，千万别伤害孩子

哪个孩子在成长的过程中没有挨过批评呢？可以肯定地说，每个孩子都会犯错误，每个孩子也都挨过批评。然而，幸运的孩子在接受批评之后，能够从批评中得到反思。而不幸运的孩子，很可能遇到不那么理性的父母，他们在批评孩子时简单粗暴，使孩子的自信心和积极性受到极大的打击，从此一蹶不振。

如果批评带给孩子的伤害如此深重，那这种批评的方式就是不可取的。在批评孩子的时候，父母一定要注意，批评也是有技巧的，千万别伤害孩子。

当孩子在我们的怀抱中慢慢长大，他就不可避免地要犯一些错误。在这种情况下，即使我们的脾气再好，也会忍不住地批评孩子。比如，4 岁的孩子在超市里非要买一个很贵的玩具；9 岁的孩子把小区里的小朋友打哭了……遇到这样的情况，父母应该如何做呢？

如果一味地批评孩子，孩子就会产生逆反心理，还会伤害孩子幼小的心灵。如果不批评，孩子不会知道自己的错误，下次肯定会再犯。现代教育观念认为，父母在教育孩子时，要尽量多赞赏、少批评。所以，父母常常陷入批评与不批评的两难境地。

事实上，对于做错事的孩子还是要批评的，但要讲究方式方法，以免挫伤孩子的自信心，避免激起孩子的逆反心理。

天天的期中考试考得不理想。晚上回到家，妈妈仔细地检查了天天的试卷，发现天天之所以考得不好，并不是考试题目不会做，而是因为粗心。妈妈非常生气，把试卷递给天天，质问道："你看这道题这么简单，你不会做吗？"天天看了看，低着头小声说道："我看漏了。"妈妈丝毫没有因为天天紧张的样子而降低声调，反而提高嗓门，批评天天说："这么简单的一道题，你居然看不见，那你的眼睛是做什么用的？"天天被妈妈批评得一声都不敢吭，低着头小声哭泣着。

转眼半年过去了，天天面临期末考试了。这次，妈妈比天天还紧张，时刻盯着天天，提醒他考试要细心。在考试的前一天晚上，爸爸回家看到天天正在复习功课，便赞赏天天："天天真棒，明天一定会考个好成绩的。"没想到，听到爸爸夸奖天天，妈妈在旁边没好气地说道："有什么棒的，他这么粗心，明天的考试很悬。"听了妈妈的话，本来信心十足的天天立刻低下了头。

爸爸赶紧用眼神示意妈妈不要再批评天天了，可是妈妈依然不依不饶，还是继续批评天天不够细心。结果期末考试成绩下来，天天还是没有考好。面对妈妈的批评，天天一脸无所谓地说："反正我考得好与不好，你都要批评我，我何必这么用功呢？"

看完这个故事，同样身为父母的你，有什么感受？事实上，如果妈妈能在期中考试后有技巧地批评天天，让他意识到自己粗心的错误，并且帮助天天树立信心，相信天天的期末考试成绩会提高很多。令人遗憾的是，妈妈批评天天的方式简单粗暴，即使在爸爸表扬天天的时候，也没有给天天留面子。这样做的后果便是激起天天的逆反心理，让他不愿改正错误。

俗话说"人非圣贤，孰能无过"，更何况是孩子。事实上，孩子正是在一次次的错误中得到成长的。父母只有认识到这一点，才能心平气和地接受孩子的错误。当然，我的意思并非是说当孩子犯了错误，我们就听之任之，不批评孩子。所谓批评，不是父母宣泄愤怒的情绪，而是要让孩子以后不再犯同样的错误。父母只有端正态度，弄清自己的终极目的，才能找到正确批评孩子的方式，避免过度批评。

那么，父母究竟要如何批评孩子，才能既让孩子接受批评，改正错误，又不产生逆反心理呢？

一是用幽默的方式让孩子意识到错误。一旦孩子犯错，很多父母为了提升批评效果，恨不得吹胡子瞪眼睛、踢桌子打板凳，只为了让孩子心生恐惧，被自己的权威和声势震慑住。其实，有理不在声高，如果我们掌握了批评的技巧，说出的道理能够撼动孩子的心灵，那么即使我们轻声细语，孩子也会受到震撼，从而产生预期的效果。如果我们能够以幽默的方式让孩子认识到错误，然后进行自我反省，那么就会产生更好的效果。

法国著名演讲家雷曼麦曾经说过："把一本正经的真理用幽默风趣的方式说出来，比开门见山地提出更容易让人接受。"幽默地说出批评的话语，是一种非常含蓄委婉的方式，能够让孩子对父母产生亲近感。试想，一件事情是由你的敌人说出来你更容易接受，还是由你的朋友说出来你更愿意接受？答案显而易见。幽默的方式能够帮助我们成为孩子的朋友，让孩子看到我们除了严厉的一面外，还有有趣的一面。在笑声中，孩子会主动地领悟其中的道理，理解我们的用意，从而主动承认错误，完善自我。不得不说，这是比暴风雨般的批评更为有效的方式。

二是言传即可，慎用批评体态。所谓批评体态，就是说父母在批评孩子时，因为愤怒就对孩子非打即骂，或者用手指着孩子的脑袋教训，或是推搡孩子。更有甚者，即使没有语言上的批评，但是板着一张脸，用嫌弃的眼神看着孩子。这些批评体态，会对孩子的心灵造成很大的伤害。

孩子虽然年龄小，但他们的情感却很细腻。他们会从我们的批评体态中，感觉到我们嫌弃或鄙视他。所以，在批评孩子时，我们的语言要委婉、轻柔，要以引导的方式为主。

三是不要给孩子贴标签。父母要想最大限度地避免给孩子的心理造成影响，最重要的是在批评孩子时不要给孩子贴标签。所谓标签，就是诸如"笨蛋""蠢货""傻瓜""废物"等词语。否则，一旦给孩子贴上标签，孩子就会觉得自己就是父母所斥责的样子，而不觉得自己其实还可以通过努力发生改变。

在孩子成长的过程中，他们会被贴上各种各样的标签。遗憾的是，很多父母意识不到自己其实是给孩子贴上了标签，让他们无法根据自身的成长情况调整努力的方向。孩子的心思简单，心灵稚嫩，一旦父母给他们贴上标签，他们心里就会产生定论。实际上，孩子那么小，他们的成长具有无限的可能性。面对孩子，父母只能根据当时的情况给予一定的指导，而千万不要以偏概全。

4.8　不能滥用物质奖励

"唉，都是我把孩子给惯坏了。"提起儿子，刘女士的无奈之情溢于言表。

刘女士的儿子现在正读中学，一身的坏习气，不仅旷课逃学、打架斗殴，而且脾气非常暴虐，喜欢与老师和家中的长辈顶嘴。

对于儿子现在所表现出来的一切，刘女士很是头疼。她每个月给儿子的零花钱绰绰有余，却还是会被他花得精光，甚至中途还会以其他名目要钱。尽管家庭条件不错，但是刘女士觉得对于孩子身上所沾染的一些恶习，实在不该纵容下去。为此，她采取了很多办法教育孩子，却收效甚微。

现在，大部分家庭的条件还是不错的，且孩子大多是独生子女。父母忙于工作，没有时间与孩子沟通，也不会花太多的心思去了解孩子的内心世界。他们所能给予的就是物质上的满足，用物质奖励的办法来解决问题。可是这样的物质奖励，真的能达到家长预期的效果吗？

心理学家针对这个问题进行了研究，并找出了答案。

心理学家首先挑出一些热爱音乐、喜欢弹钢琴的孩子，把他们分成两个小组。他对第一组的孩子说："好好弹，弹得好会有额外的奖励。"对第二组的孩子说："我很欣赏你们，请用心弹哦。"

结果，孩子们表现得都不错。心理学家如约地给第一组的孩子发放了奖品，孩子们非常高兴。而对于第二组孩子，心理学家也鼓励了他们，并给出点评意见。

持续了一段时间以后，区别便开始显现出来。第一组的孩子表现得没有那么用心了，还有些孩子竟然打起退堂鼓。反之，第二组的孩子一如当初那般用心与热忱，并没有随着时间的流逝而降低对音乐的喜爱。

这个研究结果告诉我们，虽然奖品是一个可以激励孩子的方法，短时期内，孩子会为了获取奖品而努力做好一件事，但久而久之，便会对奖品失去兴趣，从而导致对事物本身失去兴趣。

所以，物质奖励不是最好的、最切实可行的办法。父母应该从事物的本身出发，引导孩子产生兴趣与爱好，一定要慎用物质奖励。说到这里，或许有些父母会说，我们要如何更好地奖励孩子呢？

生活中，我们经常会遇到一种情况：如果没有给孩子一些物质奖励的话，那么很难让孩子听话。但其实，并不是只有物质奖励才是唯一可行的方法，奖励可以是丰富多样的。比如，当孩子完成一件事情时，试着给孩子一句温暖的鼓励；当孩子得到表扬时，给孩子一个充满爱意的亲吻，等等。

　　浩浩妈妈带着儿子参加了一个跆拳道的试课班。浩浩看了之后，表示很喜欢也愿意学。结果正式报名之后才上了 3 节课，浩浩就想放弃了，原因是太枯燥乏味了。不管妈妈怎么劝说，浩浩还是不想学。迫于无奈，妈妈只好用物质来诱惑他，她承诺如果浩浩能乖乖上课，每次便能得到一件礼物。想到能得到自己想要的东西，浩浩便点头同意了。

　　在后来的学习中，浩浩学得很用心，妈妈也履行了之前的约定。只是时间久了之后，浩浩又开始不认真了，上课时老想着礼物的事。一天刚下课，他便嚷着要妈妈赶紧去买那件他心仪的礼物。碰巧，这一幕被旁边的老师看到了。

　　了解了事情的始末，老师便和浩浩妈妈聊了聊孩子在上课时的一些表现。一些简单的基本功，比浩浩小的孩子都学会了，而他却一而再再而三地出错。练习的时候，他也很不用心，老师还告诉浩浩妈妈，如果真的是为孩子好的话，就不要用物质奖励的方法了。

　　后来，妈妈用心地与浩浩交流了一次，并且给他分析了学习跆拳道的一些益处，明确表示就算他继续学，妈妈以后也不会给他买礼物了，因为这些都是为了他自己而学。

　　与妈妈沟通之后，浩浩最终还是选择了继续学习跆拳道。在后来的学习中，他也很用心，进步很快，还受到了老师的表扬。

　　浩浩妈妈为了让孩子好好学习，采取了物质奖励的方法；孩子为了得到奖品，便将学习当作差事来应付。如此恶性循环，违背了学习的初衷。幸好老师的一番话及时点醒了浩浩妈妈，她认识到了错误，并做出了正确的改变。

培养孩子是一个任重而道远的过程。孩子除了情感、精神上的需求外，也会有物质上的需要。虽然我不提倡过度的物质奖励，但也不能忽略物质奖励，它也不是一无是处。

作为父母，我们可以在孩子合理要求的情况下，适当地给予孩子一些物质上的奖励，但前提条件是，奖励要对孩子的成长有所帮助，并且要有一定的意义。

要想让孩子对事物的本身提起兴趣，我们不妨试着多给予孩子精神奖励。以精神奖励与物质奖励相结合的方法，合理有效地帮助孩子产生学习的动力，并促使他不断进步。

4.9 教育孩子，是成功重要，还是快乐重要？

上周，一个朋友给我发来一条信息，问我："你说到底是对孩子实施快乐教育好，还是实施成功教育好呢？"

不等我回答，她又发过来一句："你既是一名儿童教育专家，又很重视孩子的情感发展，我想你肯定会选择快乐教育吧！"

我回过去："快乐教育和成功教育有冲突吗？我们为什么一定要二选一呢？"

她说："我明白你的意思，但是很多时候必须得有所选择。比如，孩子不喜欢去学校，可是为了他好，我必须逼着他上学；孩子喜欢打游戏，可为了他好，我一定要阻止他打游戏。如果我对孩子实施快乐教育，我应该让孩子想干什么就干什么吗？"

然后，她说了一件事：上个星期，考试成绩出来了，孩子在班级排名倒数第八。全家都很不高兴，所以决定剥夺孩子的一些兴趣，比如打游戏等，好让他专注于学习，可是这让孩子变得很不快乐。这使她产生疑问，自己这么做到底是对还是错？如果想让孩子快乐，是否必须放弃对成绩的追求？她感到特别纠结。

可怜天下父母心，我想朋友也是真的爱孩子，在乎孩子的心情，所以才会发出这样的感慨。身为父母，我们都希望孩子既快乐幸福，又出类拔萃。可是在教育孩子的过程中，我们总会面对一个尴尬的问题：到底是对孩子实施快乐教育，还是成功教育呢？

事实上，这是父母在教育上的一个误区。为什么这么说？因为这本来是两个完全可以相互促进的选择，家长却把它们对立起来，非得逼自己做二选一的选择题。

我的丈夫曾经问过我一个问题：我是更喜欢儿子还是更喜欢他？我当时的回答是这样的："我喜欢你，也喜欢儿子，不存在更喜欢谁。何况，你们一个是我的爱人，一个是我的孩子，并不冲突。我喜欢你，自然喜欢和你一起生的孩子。我喜欢孩子，也因为我喜欢他的爸爸。这两种爱是相互促进而不是相互排斥的。如果我不喜欢和你生的孩子，你会觉得我足够喜欢你吗？如果我很讨厌你，你觉得我面对和你生的孩子，会没有遗憾吗?"

成功教育和快乐教育的关系，与丈夫问我的这个问题的答案是一样的。我们可以想一下，如果我们让孩子完全自由，随心所欲，不喜欢写作业就任其不写，想要什么就给他买什么，不想去上学就不去……在这样混乱的情况下，孩子真的会快乐吗？我想，当其他孩子都在认真学习，而你的孩子却毫无知识的时候，他是不会真正快乐的，毕竟还有社会价值观在影响着他。

孩子虽然不是成年人，但是他同样会受到社会环境的影响和制约。而且孩子越大，这种制约的作用会越明显。比如，别人毕业后找到了不错的工作，而他什么学历都没有，根本找不到工作，因为从小到大的放任自流，使他的能力没有得到很好的培养，连立足都成了问题，这个孩子还能快乐起来吗？连自立都是问题，他以后的爱情和婚姻会很成功吗？肯定不会。

快乐来自很多方面，其中很重要的一项就是成功。事业的成功、爱情的成功，会使一个人产生极大的满足感。这种满足感就是快乐的最大来源，并且会从快乐上升到幸福。

很多父母也意识到了这个问题，所以就让孩子去追求成功。但成功了，就快乐了吗？这显然不是绝对的。看到这里，你可能觉得像绕口令。既然快乐来自成功，那么显然成功更重要呀。成功了，孩子应该就快乐了，为什么还会不快乐呢？现在，我们再把这个问题抽丝剥茧地分析一下。

从心理学上讲，只盯着一件事，比如成功，是非常累的，因为过于强化目标的话，一旦目标没有达成，便会使人产生深深的挫败感和焦虑感。所以，不能把成功当作唯一的目标，那样既不现实，也不可取，只会把父母和孩子都弄得疲惫不堪。

所以，我提出了一个新的理念：用快乐的方法取得最大的成功。

我曾把这个理念告诉身边的人，很多人刚听到的时候，都有一个反应：我们谁不希望这样？问题是这样现实吗？你是不是太理想化了？

如果我们真的能明白快乐教育和成功教育之间的关系，那么这个理念就是现实的，更是最好的选择。要做到这一点，父母要先认清这几个问题：

一是父母不要过于苛求成绩，要让孩子感受到学习的轻松和自由。很多父母觉得让孩子学习，孩子都觉得很痛苦，所以只要让孩子学习，就不是快乐教育。可事实是，不让孩子学习，孩子一样不能获得快乐。所以，父母要做的就是不要过于苛求成绩，要把努力就行的心态传递给孩子，让孩子感受到学习的轻松和自由，这样他们才不会排斥学习。只有这样，孩子取得的成功才会更多，并且不会在取得成功的过程中感到痛苦。

二是父母不要把自己的想法凌驾于孩子的选择之上。除了学习，孩子还要面临很多的选择。有些父母容易按照自己的意愿替孩子做主，不顾孩子的喜好，因为这样，他们才会觉得成功和快乐相互排斥。如果这样做的话，即使孩子在某方面取得了某些成就，他们也不会感到快乐。比如孩子长大后，他想当一个老师，父母却要孩子去做律师，因为父母觉得这是为了孩子以后取得更大的成就，但由于孩子不能从事自己喜欢的职业，他同样不会觉得快乐。

所以，如果父母能够更多地关注孩子的兴趣，加以好的引导，会比替孩子设计一条理想之路成功得更快。但是如果父母把自己的想法凌驾于孩子的选择之上，那么就确实需要在成功和快乐中做一个选择了。

三是快乐教育和成功教育缺一不可。当孩子通过自己的努力获得了成功，那么孩子必然是快乐的。纵看如今的社会，那些工作上一塌糊涂的人，肯定也是不快乐的人。但为了成功付出一切的人，同样也不快乐。所以，快乐和成功是联系在一起的，缺一不可，只能相互促进，而不能相互分离。

我在教育儿子的过程中，一直很在意他是否快乐。我把他的精神状态看得很重要，但这并不意味着为了让他快乐，我们会放弃一些原则。这关键是需要父母自己想明白，如果为了使孩子得到一时的快乐而纵容他，那么孩子要承受的就是长久的不快乐。这其实是违背快乐教育的。教育孩子，是成功重要，还是快乐重要？借用一句话来回答，那就是"两手都要抓，两手都要硬"。

第五章

以孩子为师，共同面对成长路上的风雨

人生的路，从来不会是笔直而平坦的，它也有崎岖坎坷、荆棘密布的时候。能够坚强面对并战胜困难的，是生活的强者；能够在失败中成长，永远不放弃，并将困难转化为生活中的硕果的，才是生活的智者。以孩子为师，父母不要为孩子扫平一切障碍，而是要与孩子一起面对成长路上的风雨，再苦也要手牵着手，让孩子自己克服困难、历练成长。

5.1 独立，从学会放手开始

如今的孩子，生活在新的时代，许多家庭的物质生活水平相对不错，温饱无忧，而且孩子多是独生子女，大人把孩子奉若至宝，从孩子一出生就把他们照顾得无微不至。在孩子没有思想、没有行动能力的时候，这是理所当然的，可是，随着孩子的成长，我们为何不能慢慢放手呢？也许我们担心孩子受伤害、受委屈，但如果是这样，我们为何要求他们长大成人以后独自奋斗、拼搏呢？事实上，现在的多数家长把孩子

当成"寄生虫"一样抚养，这当然是他们的权利，但关键的问题是，当"寄生虫"长大以后，家长又希望他们成龙变凤，这可能吗？

与国外的父母相比，中国的父母有时真的是太过小心翼翼。他们早已为孩子想好了一切，并一直努力安排着孩子的生活，生怕孩子遭受一丁点儿的痛苦。然而，我们能这样照顾孩子一辈子吗？人生中有风有雨，孩子在成长的过程中会不可避免地碰到各种各样的挫折，到那个时候，没有挫折经验、心理脆弱的孩子，怎能自己渡过难关？所以，爱子心切的父母，请醒醒吧，适当地放手，给孩子自己成长的空间，让他们从小就勇敢地面对挫折，他们最终才能成为生活的强者。

在日本一座宁静祥和的村庄，有一对夫妇不惑之年才喜得贵子，自然是喜爱非常，宠爱有加，导致这个在温室中成长的孩子养成了许多坏毛病。比如，他无论做什么都不专心，甚至连走路时都东张西望，光跌进水沟这种糗事就发生了好几次，这让望子成龙的父母很是心焦。

孩子7岁那年上了小学，可他的生活能力非常差，一直让父母放心不下。他依然走不好路，经常摔跟头，每每抹着眼泪回家。

那天，趁着孩子上学，父亲带着一把铁锹去了儿子上学必经的田埂上。他在上面陆陆续续地挖了十几个坑，然后用木板搭成一座座小桥，必须谨慎小心才能通过。那天放学，面对一下子多出来的这么多的小桥，孩子非常惊慌，不知如何是好。走过去，心里害怕；想求别人相助，可四下无人，哭也没用！最终，他只能自己走过去。当他背着书包，颤颤巍巍地通过那些小桥以后，虽然心里害怕，却很有满足感。这次，他没有哭鼻子。

回到家中，他迫不及待地跟爸爸讲起了这件事，脸上充满了自豪。父亲在一旁耐心地听着，不住地夸他勇敢。

妻子对丈夫的举动大感不解。丈夫解释说："路太好走，他就不专心了，就算跌倒无数次，他也学不会好好走路；路途坎坷，他必须紧盯路面，小心翼翼，所以才能走得平稳。"

这个故事中的孩子，就是后来赫赫有名的松下幸之助。正是父亲用心良苦，挖断了他的平坦之路，才逐渐培养出他迎难而上的勇气和信心，也才有了他后来的成功。

在日本，这样的父母有很多。他们有意地给孩子制造困难，认为孩子只有在小时候经历足够的挫折，长大后才能独立应对生活的风暴，从容不迫地追求自己的理想。这是很值得我们借鉴的。中国的爸爸妈妈应该适当地"狠狠心"了，对生活太顺的孩子适当进行一些"挫折教育"，从小培养他们的逆商，让孩子走出我们的羽翼。不要怕孩子摔着、碰着、饿着、累着，把孩子的问题交给他们自己解决，还给他们自己成长的空间。

爸爸妈妈应该认识到，当我们替孩子解决掉一切困难的时候，也就剥夺了孩子自己体验成败的机会，同时又极大地纵容了他们的依赖性，让他们无法从生活中收获战胜挫折的经验和自信，而这无疑是他们日后走向成功的资本。所以，爸爸妈妈该放手时且放手，给孩子一些挫折体验，去激发他们生命的无限能量。

5.2 做孩子的坚实后盾

军军爱好体育，喜欢长跑项目。他希望以后能进入国家体育队，更希望能像刘翔一样为国家争光。可是他的父母似乎并不在乎孩子的这一特长，他们一心想让孩子考上名牌大学，将来有个稳定的工作。至于跑步，他们认为只是锻炼一下身体罢了，并不想在这方面培养孩子。自从军军上小学以来，每次学校组织运动会，他都会积极报名参加。这次的冬季运动会也不例外。

爸爸正好因为调休不用上班，军军说道："爸爸，你去看我比赛吧！""那有什么好看的！"爸爸一副满不在乎的样子，继续看着他的报纸。"爸爸，以前800米我总是第一，这次我报了1500米的项目，我要挑战一下自己，你去为我加油吧！"

"等你考上大学，爸爸没时间也会去送你的。这次就免了吧！"军军听到爸爸的回答，很失望地走了。

比赛结束了，军军一脸沮丧地回到家里。妈妈正要去做饭，爸爸刚从超市买了点儿东西回来，看到儿子这副样子，便说："怎么，跑输了？"

"是呀，我跑输了。"军军伤心地说。

"你看看，输了吧，还是好好学习重要。"妈妈接着说道。

本来就有些失落的军军听到父母的话，心里更不是滋味了，一声不吭地钻进自己的屋子里去了。

事实上，军军这时候最需要的是父母的安慰与理解。在孩子遇到挫折、失败的时候，父母一定要做孩子的坚实后盾，这对孩子来说非常重要。令人遗憾的是，很多父母与军军的父母一样，在孩子遇到挫折、失败时，只会一味地责备孩子。比如，"你别难过了，谁叫你不听老人言？""上一次当，学一次乖，下次你就不敢了，这也是好事！""事已至此，连老天爷也没辙，你难过有什么用？"……

当孩子未到达他们给自己设立的目标或遭遇挫折时，他们就会产生失落感，这时候就特别需要父母的安慰，需要父母做孩子的坚实后盾。尤其是孩子在学校参加各种比赛，没有拿到他想达到的名次或发挥有些失常时；或者与小伙伴一起玩，因为自己没有对方强而被欺负时，往往会感到有些失落。父母若能做孩子的坚实后盾，孩子便会很快地走出困境。

玲玲是个很有上进心的孩子，她酷爱写作，梦想长大后考上北京大学，成为一名作家，妈妈一直很支持她。今年，她以优异的成绩考上全市最好的一所中学，学校要分出一个实验班来，玲玲很希望自己也能进入这个班级。分班考试结束了，妈妈在学校门口等着接玲玲。玲玲慢慢地走了出来，见到妈妈后，眼泪竟扑簌簌地落下来。原本不爱哭的她抽嘤着，泪水流了一脸。妈妈看了心一阵阵紧缩，鼻子酸酸的。

"妈妈，我不甘心，我没考上实验班！"玲玲哭着告诉妈妈。"好孩子，妈妈也不甘心，妈妈理解你的心情。孩子，这只是一次小的挫折。虽然没有实现你的目标，但妈妈依然认为你是一个好孩子，你的后劲儿仍然很足。妈妈给你讲一个故事吧。"

妈妈一边牵着玲玲走，一边说道："美国百货大王梅西年轻时开了无数次杂货铺，但每一次都以失败告终，可是他仍不放弃，只要失败，接下来就会继续努力开另一家，终于把自己的杂货铺发展成世界上最大的百货商店之一。我们每个人的一生都不会一帆风顺，总会遇到挫折。只要我们有勇气战胜挫折，我们就不会输，总有赢的可能。你这次考试没有考好，不要灰心，没考上实验班并不代表你不具备成为优秀生的实力，下次再努力一些，一定可以的。放心，妈妈会一直陪着你的。妈妈和爸爸就是你的坚实后盾。"

听完妈妈的话，玲玲心里感到舒服多了。"是啊！妈妈说得对。现在这点儿小挫折，就让我这么伤心，那以后我还凭什么实现我的梦想呢？"

"妈妈，我知道了，我现在不应该哭泣，应该更加努力。现在，我知道了人外有人，还有许多人比我学习更努力，比我更优秀，我要继续加油！"

"嗯。"妈妈微笑着点了点头。

每个孩子都有遇到挫折的时候，父母要做孩子的坚实后盾，帮助孩子从失败中走出来，坚定信念。这会让孩子快乐地走在路上，一路行走，一路欢歌，一路健康成长。

5.3 再苦，我们也要手牵着手

我们在生活的道路上遇到挫折和困苦很正常，对于一个家庭来说，父母和孩子若是能手牵手地一起走过，所谓的挫折和困苦真的不算什么。所以，我们要告诉孩子：再苦，我们也要手牵着手。

一天，吃过晚饭后，我和儿子坐在沙发上看电视。这是一档主持人讲故事的节目，所讲的故事是现实生活中真实发生的，我们都比较"迷恋"。那天晚上的故事让我和儿子的心情有些沉重，看完之后我俩就那么呆呆地坐着，谁也没有讲话。

故事中的小主人公彤彤才9岁，她原本有一个幸福美满的家庭。虽然家庭条件不是很好，但是一家三口相互爱护，相互尊重，过得其乐融融。正所谓"天有不测风云，人有旦夕祸福"，彤彤的妈妈在下班的路上遭遇车祸，撞她的人驾着车逃之夭夭。昂贵的治疗费用，使原本就不怎么富裕的家庭更加拮据。

看着丈夫和女儿辛苦地照顾自己，彤彤的妈妈为了不连累自己最爱的两个人，竟然偷偷地服安眠药自杀了。她在遗书中写道："我不忍心再看着丈夫和女儿因为自己无法专心工作、专心生活，家里条件又不好，我不能再拖他们的后腿了……"妈妈的离去，让彤彤和爸爸在悲伤的同时也非常恨她，因为虽然她这种情况会"拖累"亲人，但是她并不知道，这种极端的解决方式反而给亲人带来更大的痛苦。

"彤彤妈妈的做法看似'高尚'，实际上却是非常不负责任的，因为她把更深、更大的痛苦和悲伤留给了自己爱的女儿和丈夫。其实对一个家庭来说，最重要的是和睦，是全家人在一起快乐地生活。现在彤彤的妈妈走了，她和爸爸的生活也骤然失去了色彩。他们想要告诉天下所有的父母和孩子，无论生活多么艰难、多么困苦，都一定要手牵着手一起走下去。因为对于一个家庭来说，父母和孩子永远是'铁三角'，谁也离不开谁！"这是主持人在最后说的一段话。

"彤彤真是可怜，那么小就失去了妈妈。"儿子自言自语地说，"她的妈妈也太狠心了，怎么能因为这个就自杀呢？不就是遇到挫折了吗？这个时候，她更不能轻易放弃！"

我没有说话，儿子所说的就是我的看法。这位妈妈的做法显然很不负责任。虽然她心里想的是自己一死了之，便可以不再拖累丈夫和女儿，但是她的离去带给家人的却是更大的痛苦和悲伤。如果说这算是一种爱的话，那么这种爱太不负责任、太极端了。

在生活中遇到挫折和困难是很正常的，关键是看你用怎样的心态去迎接和面对。我一直觉得，困难和挫折并不是最可怕的，最可怕的是在遇到困难和挫折的时候丧失信心与希望。在平时的生活中，我也是这么教育儿子的。无论家里的哪个成员遇到挫折，其他成员都要责无旁贷地一起分担，因为一家人就是一个不可分割的整体，我们要有福同享、有难同当。只要一家人一起手牵手勇敢面对，迎接我们的一定是风雨之后绚丽的彩虹。

"妈妈，如果是你，你会怎么做？会不会丢下我和爸爸一走了之？"儿子认真而严肃地问我。

"绝对不会！"我想也没想便回答说，"如果是我的话，我一定会紧紧拉着你和爸爸的手不放，因为我知道，你们是不会丢下我的。我们一家人要永远在一起，只要手牵手一起面对，我们就一定能挺过去！"

我看看儿子，又说："儿子，你要牢记妈妈跟你说的话。不论遇到多么大的苦难和打击，都不要一个人躲起来偷偷哭泣。要知道，爸爸妈妈会一直陪着你，不论多苦多难，我们都会手牵手一起面对！"

"嗯。"儿子点点头说，"一言为定。"说完，他伸出自己的手，我也伸出自己的手，我的大手和儿子的小手紧紧地握在一起。

对于一个家庭来说，没有什么比全家人一起携手努力生活更重要的了。遇到困难和挫折没有什么大不了的，只要全家人能够手牵手一起面对、一起解决，就没有过不去的坎儿。你不要觉得让家人分担，是在给他们增加负担，是在连累他们。越是这种时候，你越需要他们的帮助，而这也是展示一个家庭团结和睦的机会。

请所有的父母都牢记一句话：再苦，也要学会手牵着手。只有彼此手牵手，一家人才能一起向着美好的生活和未来迈进。

5.4 吃一堑，长一智

对于每个人来说，正确地认识和对待挫折，是必须掌握的一种态度和方法。挫折对于每一个人来说，都是不愿意经历的。大家都希望无论是工作还是生活，都能够一切顺利。但是我们必须承认，很多事实表明，恰恰是在经历一定的挫折之后，一个人经受风雨和抵抗挫折的能力才能有所提高，无论是有意识的训练还是真实的实践，都是如此。对于孩子而言，挫折本身也是财富，因为它是孩子成长过程中的一种阅历，有助于提高孩子的生存能力。

常言道"玉不琢不成器"，对于孩子的成长发展来说，没有经历过挫折和失败，本身就是一种残缺。如果惧怕经历挫折的考验，绝对锻造不出高尚的人格。"生于忧患，死于安乐"，这一浅显的道理，却需要用心去体会，用行动去实践。这可以从两个方面来理解：

第一，挫折在帮助孩子迅速成长方面起着重要的作用。每一个人的成长过程都是不断适应社会要求的过程，而适应就是要学会调整自己的动机、追求和行为。一个人出生时就像一张白纸，没有什么是非观，缺乏应对困难的能力。正是通过不停地经历挫折、失误、磨难等体验，人们才最终学会了在不同环境、不同时间、不同规范条件下采取合适的行动。

第二，挫折有助于增强孩子克服困难和承受挫折的毅力。现在，大部分青少年长期生活在被关爱和被照顾的环境中，他们对各种困难的体验不深，对遇到挫折的思想准备和承受挫折的能力准备严重不足，没有坚强的意志，一旦遇到挫折就很容易被彻底击垮。实际上，一个人越多地克服生活的挫折，就会越好地树立良好心态和增强承受挫折的能力。心理学家把轻度的挫折比作"精神补品"，也就是说，一个人每战胜一次挫折，就已经为自己更好地面对挫折增添了力量，为应对下一次挫折提供了"实战的准备"。

如果你觉得孩子还小，有关挫折教育的理论他一时可能体会不到，那么不妨让孩子看看下边这个有关羚羊的小故事：

在位于非洲大草原的奥兰治河两岸，生活着很多羚羊。动物学家通过观察，发现了一个非常奇怪的现象：无论是在奔跑速度还是繁殖能力方面，东岸的羚羊都要比西岸的羚羊强很多。

他们利用一年的时间进行实验和观察，发现由东岸送到西岸的羚羊繁殖到了 14 只，而由西岸送到东岸的羚羊则只剩下 3 只。

原因何在？动物学家深感困惑。

然后，经过反复的研究，他们终于找到了原因。原来，在东岸生活的动物里，不但有羚羊，还有一群野狼。羚羊们为了不被野狼吃掉，不得不每天练习奔跑，使自己强健起来；而西岸则只有羚羊这一种动物，由于没有受到其他动物的威胁，它们过着安逸的生活。结果，西岸羚羊的奔跑能力不断下降，体质也随之下降，繁殖能力自然也跟着下降。

看着这一结论，动物学家恍然大悟，原来"物竞天择"说的就是这样一个道理：只有在挫折与磨难中艰难生存下来的物种，才能拥有更加顽强的生命力！

羚羊如此，人何尝不是这样？此时此刻，聪明的家长是否已经从上面的故事中理解了"挫折"的真正意义？那么，请反省一下我们对孩子的教育吧。很多情况下，我们是否不忍心让孩子吃苦，不忍心让他们遭遇人生的风雨，而是像"老母鸡"保护"小鸡"一样，怕孩子受到一点委屈，把孩子藏在自己的身后？

你以为这样做，就能让孩子少遭一点罪。殊不知，家长的这种做法，不但会让孩子失去在挫折中成长的机会，而且还对孩子的个性、心理发展产生了十分不利的影响。挫折是一种宝贵的财富，孩子要想健康成长，就应学会乐观面对挫折，接受挫折。只有不断经受困难和挫折考验的孩子，才具有坚强的意志和强大的生存能力。一个经得起挫折的孩子，才能生存得更好！

家长不但要充分认识到挫折的价值，还应该在日常生活中注意培养孩子的抗挫折能力。这样孩子在遇到挫折时才会表现出坚强、勇敢、自信的精神，才能用自己的力量和智慧克服人生中的一个又一个困难和挫折，一步步地走向成熟，走向成功。

5.5 永远，永远，永远不要放弃

我们常常碰到这样的孩子：在学习和生活中，稍微遇到一点难题，就开始心里没底，打退堂鼓，认为自己这也做不了，那也做不了。要知道，任何时候我们都可能会遇到这样那样的难题，即使日后你奋斗成功，成为成功人士，也会面临更多想象不到的难题。人的内心深处都有趋利避害的畏难心理，对那些容易解决的事情愿意承担，而把那些有一定难度的工作推给别人。即便是孩子，也会不知不觉地产生这种心态。如果放任其控制我们的思想，长期左右我们的行动，很容易导致我们一事无成，失去成功和实现梦想的机会。

在平时的生活中，很多父母总感觉自己的孩子做事缺乏计划性，想什么时候做就什么时候做，想什么时候放弃就什么时候放弃。尤其是遇到困难的时候，不少孩子只是略做尝试就"迎难而退"了。为此，父母深感无奈，对如何才能培养和锻炼孩子在困难面前坚持不放弃的坚忍性格而困惑。

其实答案很简单，那就是鼓励。当孩子遭遇失败甚至是屡战屡败的时候，父母应该对孩子说一句："再试一次，成功就在前面等你！"海明威说过，人生就是一场战斗。与谁战斗呢？就是与自己战斗，与自己的懒散、退缩、逃避行为进行战斗。一个人如果能够战胜自己，他就能够战胜一切，任何看起来巨大的困难，表面上强大的敌人，在他面前都会变得不值一提。很多时候，一项任务看起来似乎不可能完成，但是只要你能够鼓起勇气，勇敢地接受这项挑战性的工作，并且竭尽全力地努力拼搏，大多数情况下，"不可能"往往就会变成可能。其实，在我们实现梦想的道路上，最大的障碍不是来自外部，而是来自我们自身。

卡耐基在一次演讲中说道："很多人比自己想象的更精明能干，可人们却在不知不觉中对自己的智慧进行了贬低。"这句话说的，其实就是那些浅尝辄止，在困难面前轻易放弃的人们。

曾经有一个充满好奇心的小女孩，有一天她突然对"豆芽是怎么来的"这个问题产生了浓厚的兴趣。于是她的妈妈就带着小女孩一起在家里做泡豆子的实验，想通过实验让女儿明白豆芽是怎么来的。

然而，豆芽并没有她们想象的那么好泡，一次失败了，两次失败了……一连好几次，豆子都没有像她们期待的那样长出豆芽。小女孩很伤心，开始心灰意冷。她告诉妈妈："我现在不想知道豆芽是怎么来的了，我们放弃吧。"

但是妈妈没有接受小女孩的建议，她说"让我们找找问题在哪，然后再试一次"。小女孩的妈妈一次又一次地用这句话给小女孩鼓劲。在失败了 6 次以后，在第 7 次实验时，豆芽终于长了出来。小女孩欣喜若狂，她知道，如果没有妈妈坚持"再试一次"的鼓励，必然不会有成功的这一次。

如今，这个小女孩已经长大了。她以优异的成绩被哈佛大学录取，拿到了奖学金，并顺利完成学业，目前在瑞典进行研究工作。在被问及在学业上取得的成就时，她回忆说："妈妈的那句'我们再试一下'就像神奇的肥料，养育着我的好奇心，让我在努力奋斗的道路上始终能够以一颗平常心对待困难。我的成功是无数次的失败换来的，而帮助我战胜这无数次困难的，就是妈妈的那句话。"

所以，当孩子遭遇一次又一次的失败，并为此一蹶不振，不愿再坚持的时候，父母应当尽可能多地帮助和鼓励，多让他看一看成功的可能性，让孩子鼓起勇气再试一次。在日常生活和学习的过程中，父母要时不时地告诉孩子，只有坚持才能取得胜利，只有坚持才能获得成功。如果发现孩子有坚持做某件有意义的事的习惯，父母要及时给予鼓励，并督促孩子把每一件事都做完、做好。只有让孩子对"坚持就是胜利"这样的语言有了深刻的认识，再遇到挫折时，他才会发挥潜力，从而取得成功。

5.6　在失败中成长

如今不乏这样的新闻：一个成绩差的孩子，因为受不了老师的批评，离家出走了；一个成绩优异的学生，因为一次没考好就寻死觅活；一个孩子因为父亲凶了他两句，便向父亲挥起拳头……这种消息不绝于耳，可以说令人错愕。

为此，家长开始困惑，老师也开始困惑，甚至整个社会都在困惑：

我们的孩子到底怎么了？到底是什么，让孩子们的心变得如此脆弱？

究其根本，其实是我们给孩子的"爱"太多了，把他们照顾得过于"无微不至"，以至于让孩子缺少独自面对挫折和失败的机会，缺少遭遇挫折和失败的经历。长此以往，孩子自然无法拥有勇敢与坚强的品质，以至于走上条条不归路。

如今的父母，因为生活条件的改善，都希望自己孩子的前途一路平坦，看不得孩子受半点苦，更看不得孩子遭遇挫折和失败。殊不知这样的做法，会使得孩子的成长缺少挫折和失败的磨炼。要知道，挫折、失败对于孩子来说，是成长的必要条件。纵观历史上那些有成就、有作为的人物，哪个不是在成功之前历尽艰险、挫折呢？

中国历史上有一个真实而且有名的故事，那就是"卧薪尝胆"：越王勾践为了向曾经打败自己的吴王夫差报仇，身为一国之君，却让自己每天都睡在"薪"，也就是柴草堆上，每天尝一下苦胆的味道，以保持自己要复仇的热情。最后，他终于成功地吞并了吴国，杀掉了吴王夫差，成为著名的"春秋五霸"之一。

很多人知道这个故事，并且知道它讲的是越王勾践如何对待失败的故事。勾践正是因为具有在挫折中顽强不屈的精神，才最终得到奋发的力量，一雪前耻，取得了最后的成功。但是想必也有不少人并不知道这个故事的前半部分，其实勾践的对手吴王夫差也曾经是一个"生于忧患"的典型。他的父亲被勾践大败，重伤而死，为了报仇，他励精图治，增强了吴国的国力。后来，他果然击败越国，称霸一方。

诸如此类的故事还有很多，其实道理很简单：失败并不可怕，相反，失败中的经验，可以帮助我们更好更快地成长。经历过失败洗礼的人，必然比没有经历过失败的人更加成熟，在遇到困难时更加冷静。所以，父母不要害怕孩子经历挫折、失败，那其实正是他们成长的大好机会。

聪明的父母，在孩子遭遇挫折、失败的时候，会抓住机会进行引导和鼓励，让孩子找回乐观的心态与奋进的动力。其实，每个孩子在生活和学习中，都难免会遭受挫折和失败，如果父母不加以引导的话，一些孩子在遇到挫折和失败后，会寻找各种各样的理由为自己辩解以推卸责任。有的孩子还会因为挫折和失败而产生不良的情绪反应，丧失自尊心和自信心等。所以，一旦发现孩子遭遇挫折，父母就要对他进行适当的引导，鼓励他面对现实，勇敢地向困难发起挑战。

在日常生活中，许多困难是经过努力就可以克服的，还有很多是无法战胜的。当孩子遭遇重大挫折的时候，家长不应置之不理，采取"无视"的态度，而应及时疏导，帮助孩子认识挫折，分析挫折产生的原因，进而正确理解挫折。同时，要让孩子充分认识到自己的优缺点，明白挫折本身并不可怕，最重要的是要有正确的态度，这才是成功的关键。

古人用"劳其筋骨"来告诫人们要磨炼意志。其实，这一点用在孩子身上也甚为合适。现在的孩子大多没经历过什么风雨，所以要想锻炼他们，就得让他们有意识地和自己"作对"，不断地向自己发起挑战。比如，自己不是很有耐力，就每天坚持长跑；自己没有很好的记忆力，就强迫自己找一些东西来记住。通过这样的训练，孩子的意志品质会得到很好的锻炼。

其实，从孩子本身来讲，他们更需要也愿意在尝试中不时地挑战自己，战胜挫折的过程中形成的经验，会让他们以后有足够的能力面对问题和解决问题。通过自己的努力来独立解决身边发生的问题后，孩子的心里会油然而生一种荣誉感和满足感，形成坚持和执着的意志品质，积极体验每一次成功的独特感受。

有这样一个成语"道法自然"，是说大道运化天地万物，无不是遵循自然法则的规律，无不是得自然本源之功，又无不是返归于本根。修证"道法自然"的过程，就是一个寻找并遵循万物生生不息规律的过程。无论是生活学习还是实现梦想的奋斗过程，只需让一切自然地运转流行，自然地静，不去刻意强求，自由自在，那就对了，何必因为眼前暂时的挫折而烦恼呢？不管是成功还是挫折，都是我们人生路上的风景，保持努力，才是我们每个人的成功之道。

滴水成河，聚沙成塔。要教育培养孩子承受挫折和失败的能力也非一日之功。这需要贯穿孩子的整个成长过程，从小就要重视，从点滴的小事抓起。如果只靠短时间地集中突击教育，而平时给予孩子百般的呵护，那么孩子是很难具有承受挫折和失败的能力的。只有把挫折教育和失败教育融入日常生活，才能在孩子成长的过程中起到应有的作用。

5.7 试着让孩子自己去解决问题

一天，妈妈接刚读小学二年级的程程放学回家。在学校门口，妈妈看到程程正在流眼泪，连忙问她怎么回事。只听程程委屈地说："妈妈，我书包上的小熊让班里的男同学抢走了。"听了程程的话，妈妈既心疼又生气。第二天，妈妈找到程程的班主任老师，让他帮程程把小熊拿回来，并提出要求，让老师狠狠地批评那个男同学。程程的小熊失而复得，她非常高兴。

可是没过多久，她和同桌发生了矛盾，同桌一气之下把程程的文具盒摔到地上，把文具盒摔碎了。程程又哭了起来，最终还是让妈妈帮自己讨回了公道。

渐渐地，程程对妈妈产生了依赖心理，遇到问题总是想着让妈妈帮自己解决。久而久之，程程习惯了让妈妈帮自己解决问题，即使给老师打电话请假、向同学要回借出的东西等简单的小事，程程都会让妈妈帮忙。

看到程程解决问题的能力越来越差，妈妈非常着急。这样发展下去，程程将来该如何适应社会呢？

对于教育孩子，很多父母有这样的误解：孩子遇到的问题越少越幸福。因此，父母总会随便插手孩子的问题。生活中也有些父母认为孩子还小，总是不自觉地帮孩子解决问题，忽视对孩子解决问题的能力的培养。

心理学研究表明，每个孩子都有解决问题的能力或者潜力，孩子解决问题的能力比我们想象中的要强得多。值得一提的是，孩子解决问题能力的强弱，很大程度上取决于孩子的经历而不是智力。

我国著名教育家陈鹤琴说过："做母亲的最好只有一只手。"提倡父母要适当对孩子放手，孩子的问题要尽量让他们自己去解决。让孩子自己解决问题，不仅可以培养孩子的独立能力，还可以培养孩子的自理能力，提高孩子适应社会的综合能力。

所以，父母要换一种爱孩子的方式，尽量不要随意插手孩子之间的事情，尝试着让孩子自己解决问题，和孩子共同面对成长路上的风雨。具体怎么做？以下三个方法值得一试：

第一，让孩子从解决身边的问题开始。我们知道，对孩子的成长而言，从某种程度上讲，能力比学历更重要。所以，父母要从小培养孩子解决问题的能力，让他们拥有获得成功的法宝。所以，父母不要随便插手孩子的问题，不妨让孩子从解决自己身边的小事开始，培养他们解决问题的能力。

儿子在小学四年级的暑假参加了一个夏令营活动，要进行为期 5 天的野营。出发前，夏令营的组织者简单地为儿子介绍了营地情况，让他准备好要带的东西。为了培养儿子解决问题的能力，让他学会照顾自己，我并没有插手，而是让儿子自己收拾东西。5天后，儿子疲倦地回到了家。我问："儿子，感觉怎么样？"

儿子对我说："玩得还可以，只是我的准备工作没有做好。我忘记带厚衣服了，晚上的时候有些冷。还有，我本来想着带手电筒的，可是忙着收拾东西，结果到最后，把手电筒给忘记了。"我问他："那你是怎么解决这个问题的呢？"

"晚上的时候只好向同学们借了。不过第三天的时候，我在附近的一个小店里买了一个手电筒，凑合着用了两天。"儿子说道。我又问他有什么收获，儿子说："妈妈，以后我再出去的时候，会列一个物品清单。还有，我还应该了解一下当地的天气情况，然后再决定带多少衣服。"听了儿子的话，我欣慰地笑了。

要想锻炼孩子解决问题的能力，父母要给孩子体验的机会，让孩子自己面对生活中的问题，自己去解决。久而久之，孩子就能在生活的锻炼中学会照顾自己，获得解决问题的经验。

第二，给孩子提出合理的建议。想让孩子学会自己解决问题，父母就要适当放手，给孩子机会，让他们去尝试、体验。我们要适当做一个"懒"家长，只要孩子能够自己解决问题，我们就不要随便插手，可以给孩子提供一些合理的建议，帮助他们更好地成长。所以，为了更好地培养孩子解决问题的能力，我们要为孩子提供一个解决问题的框架，然后给予必要的引导和指点,让孩子自己动脑筋、想办法解决问题。

一天,正在读小学五年级的儿子放学回到家,表情一点儿都不高兴。吃过晚饭后,儿子才对我说出原委:下午上课的时候,调皮的同学把他的课本藏了起来。儿子让同学把书还给他,结果被老师看到了。老师以为他上课乱讲话,便点名批评了他。

儿子委屈地把事情的经过告诉我。为了让儿子学会自己处理问题,我并没有插手这件事,只是给他提供了一些建议。我对他说:"孩子,这件事通常有两种解决方式:一种是忘掉它,毕竟生活中的误解非常多,你不必对它耿耿于怀;另一种方式是你把这件事说出来,让老师了解事情的真相。具体怎么解决,你自己决定吧。"

经过一番思考,儿子最终决定把事情的真相告诉老师。于是,儿子在当天的日记中把这件事的经过写了下来,然后交给老师。老师看过之后,在日记的批语中向儿子道了歉。

在我的精心培养下,儿子得到了很好的锻炼,积累了丰富的经验,解决问题的能力逐渐提高,解决问题时越来越顺畅。我没有随便插手儿子遇到的问题,而是给他提供建议,让他自己决定该如何处理问题。这种方法对提高孩子解决问题的能力,具有非常重要的作用。

5.8 适当地让孩子"碰钉子"

大多数家长有这样的感受:现在的孩子自尊心太强,抗压能力太差，老师不能批评，父母不能教育，同学之间开不得玩笑。孩子的自尊心强，抗压能力差，和孩子的生活环境有很大的关系。孩子从小没吃过苦，没受过委屈，娇生惯养，没有经历过挫折，才导致他们长大后遇到一点小事就"天崩地裂"。

邻居家的孩子壮壮今年上四年级，从小就生活在外公外婆身边。由于壮壮是独生子，所以外公外婆非常宠爱他。只要是壮壮的要求，外公外婆一定会满足。每次壮壮受了什么委屈，外公外婆还会把壮壮的爸妈教训一顿，这让壮壮变得越来越任性。

有一天，壮壮放学回到家，情绪很低落，外公连忙问他发生了什么事。壮壮非常生气地说："我们班今天选班干部，我以前是体育委员，可是老师说我不爱运动，所以让另一个同学当了体育委员。那个同学不就是跑步快一点吗，有什么了不起的？老师就是偏心。"

看到壮壮这么生气，外公非常心疼。他对壮壮说："没事，外公明天就去学校找你们老师谈谈，让你继续当体育委员！"壮壮顿时开心了，抱着外公说："外公你真好！"他知道自己的愿望就要实现了，于是高高兴兴地做作业去了。

没想到，老师并没有答应外公的要求，最后壮壮还是没有当上体育委员。他非常生气，一连好几天都没有跟外公说话。

从孩子成长的需要来看，挫折会出现在孩子成长的每一个阶段。那些没有经历过挫折的孩子，也许会有一个快乐的童年，但是从长远的角度来看，他们以后恐怕很难适应社会的激烈竞争。因此，父母很有必要适当地对孩子进行挫折教育。只有通过正确的引导，孩子才会吸取前车之鉴，以当后事之师。只有通过适当的挫折教育，孩子才能在以后的生活中克服各种困难，勇敢面对各种挫折。

因此，在日常生活中，父母不要只为了给孩子一个美好的童年而放弃对孩子的严格要求，要适当地对孩子进行一些挫折教育，这对孩子的一生都有帮助。

现在大多数孩子在顺境教育的环境下长大，抗压能力较弱，所以父母在日常生活中要时不时地给孩子设立一些障碍，让孩子碰碰钉子。当孩子时不时地在生活中体会到困难，他就会明白，生活不是一帆风顺的，每个人都会遇到困难和挫折，我们要勇于面对，勇往直前。

西西今年 8 岁了，在爸爸妈妈的教育下，她一直是一个坚强勇敢的小女孩，勇于面对自己遇到的种种困难。去年过年时，爸爸妈妈带着西西回乡下的老家探亲。从小西西就在城市里生活，从没走过山路，好几次差点摔到路边的田地里。但是爸爸妈妈并没有背着她或者抱着她走，而是让她自己走完全程，体验生活。

随着西西慢慢长大，爸爸对她的挫折教育越来越严格。一个周末，西西非要和朋友一起去海洋馆玩，爸爸觉得天气太热了，所以没有答应西西的要求。但是西西执意要去，最后爸爸还是答应了。西西本来以为可以和朋友一起好好地玩一趟，可是当时正处于三伏天，气温太高，西西刚和朋友走到车站就中暑了。最后，朋友把她送回了家。

慢慢地，西西明白了爸爸妈妈的良苦用心，她面对困难的勇气和信心变得越来越强。

西西父母有意识地对西西进行挫折教育，时不时给西西制造一些困难，让她自己解决问题。从这个故事中可以看出，这种方法可以让孩子的抗压能力越来越强，对孩子以后走上社会很有好处。

当孩子遇到困难的时候，通常会出现抱怨、不耐烦、暴躁等负面情绪，喜欢把失败的责任推到别人的身上，逃避自己的错误。孩子的这种做法如果得不到纠正，时间长了，就会造成孩子胆小懦弱、缺乏责任心的性格。

圆圆的妈妈知道，现在的教育非常注重保护孩子的自尊心。但如果凡事都顺着孩子，对孩子来说并不好。因此，在教育圆圆的过程中，妈妈非常注意这一点。

有一天，圆圆在英语兴趣班上没有完成练习。下课后，老师给同学们发小礼物，由于圆圆没有完成任务，所以老师没有给圆圆小礼物。看到其他同学都有小礼物，而自己没有，圆圆感觉非常伤心，闷闷不乐地回家了。

回到家后，圆圆把今天发生的事告诉了妈妈："妈妈，我觉得英语老师太不公平了，为什么给其他人发小礼物，就是不给我发呢？"了解了事情的原委之后，妈妈对圆圆说："圆圆，这件事老师并没有错，错在你。别的同学之所以有小礼物，是因为他们按时完成了课堂练习，可是你没有完成，所以你没有礼物。你想想，如果老师也给你发礼物，那对完成了练习的同学来说，是不是也很不公平？"圆圆听到妈妈的话，内疚地低下了头。

最后，在妈妈的鼓励和引导下，圆圆在下一次的英语课上完成了课堂练习，得到了老师的小礼物，圆圆非常开心。

圆圆因为没有得到老师的礼物而责怪老师，妈妈就借此机会引导圆圆从自己身上找问题，让圆圆意识到自己的错误，还对圆圆进行鼓励，增强了圆圆的自信，使她在下次英语课上完美地完成了课堂作业，成功获得了老师奖励的小礼物。其他父母在教育孩子的时候也要这样做，要引导孩子从自身找问题，发现自己的不足，改正自己的错误，以后做得更好。

第六章

以孩子为师，自省为人父母的一言一行

孩子是父母的"镜子"，父母是原件，孩子是复印件。父母至亲，影响深远，孩子的问题大多是父母的问题。以孩子为师，一定要自省为人父母的一言一行：我们是否有阳光心态？我们是否有不良行为，比如给老师送礼？我们是否信守诺言？我们是否对孩子恶语相向？……总之，如果你想要改变孩子，请先学着放低姿态，从改变自身开始。解决孩子的问题，要从提升父母的思想和智慧开始。

6.1 孩子是父母的"镜子"

孩子刚来到这个世界时，就像是一张白纸，纯洁无瑕，没有受到半点儿污染。然而，为什么有的孩子长大后胸怀宽广，有的却自私自利呢？实际上，这些都是父母在孩子身上的投影。孩子是父母的"镜子"，从一个孩子的举止行为上，就能大致了解他的父母是什么样的人。这个结论放在别人身上，我们会说："哎呀，真的是太准了。"可是放到自己身上，就不置可否了。事实真的如此吗？我们先来看看下面这个故

事：

刚刚是一个非常懂礼貌的孩子，邻居常常夸他，说刚刚听话、懂事，刚刚的妈妈也以儿子为自豪。可是上个周末，妈妈带着刚刚回外婆家，在刚刚和妹妹玩耍时，妈妈听到刚刚对妹妹说："你怎么笨得像猪一样？我都说这么多遍了，你怎么还是不会玩？"

妈妈很生气，对刚刚说："你怎么可以骂妹妹呢？"刚刚很委屈，对妈妈说："你也骂过我笨得像猪一样，为什么你可以骂人，我就不能呢？"妈妈突然想起来，前几天刚刚有个英语句子一直读不会，自己实在是不耐烦了，就骂了刚刚一句，没想到被刚刚记住了。这下，她终于体会到了什么叫作"孩子就是父母的'镜子'"。

很多时候，我们都能在孩子身上看到自己的影子，有好的，也有不好的。作为父母，当我们发现孩子的行为出现偏差时，首先要反省自己是不是哪里没有做到位，而不是劈头盖脸地对孩子一顿骂。不管什么时候，我们都要注意自己的言行举止，因为孩子的目光始终注视着父母。

央视曾经播过这样一个公益广告：母亲每天给外婆端洗脚水，并且耐心地帮外婆洗脚。孩子在门口看到这一幕，于是也给妈妈端了一盆洗脚水，要为妈妈洗脚。

孩子一直在默默地关注着自己的父母。不管父母说什么，做什么，都会对孩子产生一定的影响。因为单纯的孩子对这个复杂的世界是一无所知的，在他们的潜意识里，父母的行为都是正确的，因此就会模仿。

假如母亲是一位喜欢打扮的人，那么孩子也一定会非常注重自己的仪容仪表；假如父母喜欢说人是非，孩子也会议论别人；假如父母行为粗鲁，孩子也会变得十分暴躁……这是家庭教育的规律。

小燕今年上初三，本该是花季少女活泼烂漫的时候，她却整天抱怨社会不公，还经常对同学说老师都是势利眼。为什么一个十几岁的孩子，会有这样负面的想法呢？原来，问题出在小燕的父母身上。小燕的父母常常在家里讨论社会的不公平，还经常相互抱怨单位的领导自私自利，都是势利眼。父母说的这些话都被小燕记在心里，导致她也会用负面的眼光看待周围的一切。这是一个十分典型的案例。

我看过很多类似的案例，案例中的父母有一个统一的想法："孩子还小，他们懂什么？我们大人讲话，他们能听得懂吗？等他们长大了再教育也不迟。"其实，这种想法是错误的。经研究表明，孩子在胎儿时期就已经能对外界进行感知了，只是孩子小，语言表达能力还不够完善而已。

身为父母，我们一定要时刻提醒自己，始终注意自己的言行，不要给孩子造成负面的影响。

教育界有这样一句话："孩子的心是块奇怪的土地，播上思想的种子，就会获得行为的收获；播上行为的种子，就会获得习惯的收获；播上习惯的种子，就会获得品德的收获；播上品德的种子，就会获得命运的收获。"可以这样说，孩子一生的命运和父母言行的关系十分紧密。

父母开朗,孩子也会乐观;父母讲礼貌,孩子也会尊老爱幼;父母勤劳勇敢,孩子也会充满勇气;父母相亲相爱,孩子心里也会充满爱。因此,当父母发现孩子的言行很不恰当时,就应该警醒,是否自己哪里做得不到位?

上周,我在一家商场的卫生间看到这样一幕:母亲对孩子吼道:"你怎么就是不听话呢?非要逼得我骂人了,你心里就痛快了是吧!"没想到,孩子无辜地说:"我没有让你那么大声地说话,是你自己要骂人的。"这个孩子说得没错,当大人情绪激动的时候,完全是大人自己的问题,和孩子并没有多大的关系。实际上,在我们的生活中,孩子不仅被迫充当了父母的心理医生,还是父母的出气筒。

教育孩子时,父母难免有耐心耗尽的时候。但是在亲子关系里,父母不仅有权利,还有责任。想要解决孩子和父母之间的矛盾,关键在于父母身上。父母在教育孩子时,孩子不会把父母的话当耳旁风,反而会记下父母说的每一句话。孩子的世界观还不成熟,难免会犯错误,假如犯错时,父母只会打骂,而不引导,孩子永远不知道自己错在哪里,以后还会变本加厉。

在教育孩子时,父母一定要明确地告诉孩子他们的错误在哪里,不要用粗鲁的话语教育孩子,人身攻击更要禁止。尤其是"你怎么总是这样!""你从来都不听我的话!"这样的话要少说,因为这样说并不能让孩子明白自己错在哪儿,反而让孩子觉得自己做什么都是错的,打击孩子的自信心。父母应该对孩子说："玩了玩具，要洗手才能吃零食。"而不是："你怎么这么恶心，脏死了！"

孩子是父母的"镜子"，孩子时时刻刻都会把父母当作自己学习的对象。因此，当孩子犯错时，父母首先要保护好孩子的自尊心，然后对他们进行引导，提出改正的意见。父母的言传身教，对孩子有着举足轻重的作用。

家庭是孩子的第一所学校，父母是孩子的第一任老师。每个家庭的背景不一样，教育方式也不一样，家庭氛围、父母言行会对孩子产生深远的影响，在无形中影响孩子的一生，这是任何社会教育和学校教育都替代不了的。

因此，父母在孩子面前一定要相互理解、相互包容，让孩子感受到家庭的和谐；父母要努力工作，让孩子学会自食其力；父母善良宽容，让孩子拥有一颗善良的心。当孩子成人之后走上社会，不管他身处什么样的环境，面临什么样的困难，都能勇敢面对，更上一层楼。

孩子是父母的"镜子"。我们要严格要求自己，在孩子面前做一个好的榜样，帮助孩子塑造良好的品德，为孩子美好的未来奠定良好的基础。就让我们努力做一个完美的"镜面"，优秀一点，再优秀一点，这样，我们的"缩影"才能变得更美好。

6.2 阳光父母，铸造孩子的阳光人生

每一个孩子的性格、心态的形成，都不是顷刻完成的，而是在父母的影响下，不断强化的结果。可以毫不夸张地说，父母是孩子心态形成的第一个"染缸"，是孩子行为塑造的第一任老师。阳光的父母极容易铸造出一个积极向上、乐观面对困难的孩子，而悲观的父母，则会造就出一个悲观消极、面对困难怨天尤人的孩子。所以，为了铸造孩子的阳光人生，父母也要阳光。

李雨桐在学校里每天都萎靡不振，经常挂在嘴边的话是"人生真是没意思"。这让老师和周围的同学都感到不解，小小的孩子，怎么会如此消极呢？一天，老师去李雨桐的家里做家访，终于明白了事情的原委。

原来，李雨桐的爸爸在一家私企上班，妈妈则是在政府部门上班。每天在家里，李雨桐听到最多的，就是父母各自的抱怨，见得最多的，是父母的愁云密布。

比如，"我们单位今天来了个小陈，据说是经理的表弟，一来就顶替了我的位置。我现在被安排做其他工作了，活比以前多，待遇没以前好，我怎么那么命苦啊？人生真没意思。"李雨桐的爸爸在家抱怨道。

"我也好不到哪里去。我们部门今天公布了晋升名单，上面还是没有我的名字。我起早贪黑地工作，可是领导却看不到。这次升为主任

的，竟然是一个刚来没几天的毛头小伙子，他的能力怎么能和我相比？
人生真没意思。"妈妈抱怨道。

"人生真没意思"，是李雨桐父母经常说的话。李雨桐原本是个开朗
的孩子，但在爸爸妈妈的影响下，情绪变得很低落，以至于出现了对生
活悲观失望的想法。

李雨桐的父母给孩子的都是负面的情绪影响，孩子自然难以拥有阳
光心态和良好的性格。培养孩子快乐积极的心态，比培养孩子健康的身
体更为重要。每个人的成功之路上，都会遇到困难和挫折，只有拿出勇
气微笑面对，才能战胜挫折。因此，培养孩子乐观的心态，才能够让他
们在挫折中始终昂首挺胸，不惧怕任何挑战。

家庭是社会中最基本的单位，是孩子接触的第一个教育场所。父母
在教育孩子的过程中，会将自己的正面情绪传递给孩子，使孩子获得相
对健康的情感。这对孩子阳光心态的铸造有不可替代的重要意义。

那么问题来了，父母在生活中要如何把正面的情绪传递给孩子呢？
其实很简单：

首先，父母可以试着幽默一点。其实，李雨桐的父母完全可以坦然
地面对自己的处境，用自我解嘲的方式安慰自己和影响孩子。幽默所表
现出来的，是人的一种较高的情商。它不仅可以使我们更好地和他人相
处，还可以用这样的方式释放自己的压力。尤其是遇到挫折和困难时，
如果能够学会用幽默的心态来对待，也就可以很快地调节自己的情绪。

孩子阳光心态的培养与家庭氛围有很大的关系。我们可以经常在家说一些笑话，彼此之间开一些无伤大雅的玩笑，让家里充满笑声。这样轻松欢乐的家庭氛围，对孩子阳光心态的培养有很大的作用。

其次，父母要引导孩子学会自我调节。孩子年龄小，对情绪的自我调节能力不强，遇到不开心的事情时，往往不能及时调整自己的情绪。通常情况下，我们会发现孩子有了一点成绩就骄傲自满，遇到一点困难又会垂头丧气。这都给悲观情绪的产生埋下了祸根。

因此，父母要时刻关注孩子的情绪问题。当发现孩子出现不良情绪时，就要引导孩子进行自我调节。我们可以带孩子看场电影、听听歌，和孩子聊聊天，甚至让孩子大哭一场，这些都是不错的方法。

让孩子拥有阳光的人生，积极、快乐、有活力，是我们每个做父母的心愿，也是家庭教育的重要目的。要想达到这一教育目的，没有什么指导原则可言，父母可走的捷径，就是再让自己多一些阳光，去暖化孩子的心，铸造孩子的阳光人生。

6.3 要想改变孩子，从改变自己开始

周末，家里来了两位工作上的朋友——唐先生和陈小姐。聊完工作，我们便聊起了自己的孩子。

唐先生提起自己孩子的教育问题，显得有些束手无策。他的儿子已经上小学五年级了，从小被寄予厚望，父母希望他能好好学习，出类拔

萃，拥有一个令人羡慕的未来。

对于儿子，他觉得不能疏于管教，所以一直以来教育孩子都非常严厉。只要孩子犯了错，他便会责骂和体罚。后来孩子到了五年级，开始变得叛逆起来，不仅在学校打架、旷课，甚至还撒谎骗老师、骗家长。

身边有人告诉他，叛逆期的孩子不能管得太严，不然就会适得其反。于是，唐先生又从严父向慈父的模式转变。对于孩子的错误，他不再采取严厉批评的方式，而是变成苦口婆心的劝说。并且向孩子许诺，只要他乖乖念书，爸爸便可以什么都依着他。可儿子并没有理解这片苦心，也没有多大改变，后来还时常以此来要挟唐先生，要他满足自己的其他需求。

在对儿子的教育上，唐先生表示自己也是很尽心地从各方面来培养，如带孩子上兴趣班、补习班、请家教一对一辅导，结果孩子在这样的优越条件下，依然学不好、不上进。

陈小姐是一家大型合资公司的业务主管。她说自己在对孩子的教育上也是尽心尽力，从来不会因为工作疏忽孩子。为了不让孩子输在起跑线上，更是在学龄前就开始启蒙教育。读古诗、讲故事、弹钢琴、学画画……只要是觉得对孩子以后升学有帮助的，她都想让女儿学。在为人处世的品格教育方面，她也是循循善诱，以自身作为孩子学习的榜样，只为培养出一个内外兼修、品学优良的孩子。

可是小时候聪明乖巧的女儿到了 7 岁时，却开始逐渐变得平庸无奇,既不聪明也不好学,甚至还养成了一些坏习惯与坏脾气。陈小姐百思不得其解,毕竟现在的女儿在各方面和小时候都相差甚远。

其实,这种现象在社会中是普遍存在的。孩子顽皮、打架、旷课,我们会觉得是自己没有尽心尽力去照顾孩子。可是为什么对孩子这般用心,却还会出现这种情况?不仅是唐先生和陈小姐会遇到此类问题,我想大部分家长也会遇到。

现实生活中,如果孩子开始出现一些反常行径,父母一定要注意,这可能是一种提示。或许是孩子希望引起父母的关注,或许是表达一种另类的反抗。只有试着去了解他,才能知道孩子的所思所想。

唐先生的教育方法所要表达的无非是一种想对孩子负责任,希望孩子能早日成才,以后有一个更加美好的未来的想法。他一直觉得不能宠溺孩子,否则容易惯坏孩子,于是就很严格地要求孩子按自己定下的标准来执行。小时候孩子没有太多的辨别是非的能力,会无条件地服从安排,只要父母高兴就行。

随着年龄的增长,孩子的思想与意识逐渐清晰,他们便不再默默地接受父母给自己的一些安排。于是在周围人的建议下,唐先生开始转换思路,采取刚柔并济的方式去教育孩子。他的位置发生了转变,从决策者变成了劝说者,并用交换条件来换取孩子对学习的热忱,只要学习好,什么都可以答应。所以,当孩子知道学习是父母最在意的事情时,便可以此来要挟,达到自己的目的,满足自己的要求。时间久了,孩子或许会变本加厉，提出更过分的要求。当唐先生无法满足孩子的要求时，教育方法或许又会变回以前的强势状态。

长此以往，谁都不肯妥协。这样反复地较量之后，情况便会愈演愈烈，加深彼此的矛盾。当某一天矛盾激化后，就一发不可收了。

对于我的分析，唐先生连忙点头表示认同，并有些担心地说："你说得都对。可目前这种情况，我能想到的办法都试过了，却一点儿都没有奏效，我该怎么办？"

"孩子出现问题，其实并不是一朝一夕之间便发生的。想要改变，不仅需要时间与耐心，更重要的是，你自身也要学着改变。你愿意尝试吗？"对于我的建议，唐先生急切地说："当然愿意了。只要是为了孩子好，我做什么都可以。"

他说，自己之前已经试过很多方法，但都没起到任何作用。那么，既然孩子没有改变，我们为何不试着从自身寻找原因呢？

孩子变成现在这样，父母有着不可推卸的责任。我们应该静下心来想一想，并试着反省自己的做法是否正确。我们要尝试着站在孩子的角度与立场去思考问题。在他们面前，我们不仅是父母，更可以成为和他们无话不谈的好朋友。

刚开始，孩子肯定是抗拒的，毕竟长久以来，唐先生都是以爸爸的形象与姿态出现在他的生活中的。但一定要有耐心，不要轻言放弃，没有哪个孩子天生不爱学习、不听话。我们要用真诚的心态，以一种朋友的身份去了解、认识孩子的一切，并给予他充分的尊重与信任，听取孩子的心声。如果能做到并坚持下去，我想早晚有一天，唐先生当初所面临的那些问题都会迎刃而解。

唐先生认真听完，表示以后会试着努力这样做。

旁边的陈小姐按捺不住，急忙问我："那我怎么做，我的孩子才能改变呢？"

陈小姐是业务主管，手底下管着许多员工，在公司是领导者，扮演着发号施令的角色。长期做领导的人，会把在工作中养成的习惯自然而然地带到家庭生活中去，而女儿便成了她所需要管理的对象。

在工作中，很多领导不太会注重过程，但一定会注重结果。因为如果结果是令人满意的，那么相对来说，这个人所付出的过程，肯定也是艰辛而努力的。虽然取得成功结果的人看起来比旁人更出色、更成功，但如果把这种方式用在教育孩子上，反而不一定会取得好的效果。

毕竟教育孩子是一件任重道远的事，也是一件需要注重各方面过程的大事，不能用一时的结果作为评判的标准。

陈小姐在孩子的教育上，让女儿读古诗、讲故事、弹钢琴、学画画，确实付出了很多努力与心血。可是在给女儿选择这些学习项目时，她从来没有问过孩子喜不喜欢、愿不愿意，只是她觉得这些会对女儿有用，所以就让女儿去学。

在孩子小的时候，自我意识还不是很清晰，对于这样的安排，他们并不会觉得有什么不妥。孩子接受并按父母的意愿执行，大人就会觉得孩子听话乖巧、聪明可爱，并引以为豪。只是到后来，随着孩子慢慢长大，他们有了自己的思想与意识之后，开始追求自己所喜欢的东西，也开始挑战大人的权威。这时父母便觉得不能接受了，觉得孩子不听话、叛逆了。

每个人都有追求自由平等的权利。只要是有思想、有意识的人，都不喜欢被束缚、被压迫，都向往一种自由自在的生活方式。如果孩子长期被压制、被束缚，以后可能会出现一些不好的结果。

由于内心积累了对父母的不满与愤怒情绪，孩子随时可能会爆发、反抗。另外，长期受到压制之后，孩子的内心会变得自卑，缺乏自信，不爱与人交流，甚至会爆发无声的反抗。毕竟，有压迫的地方，就会有反抗的存在。

教育孩子，不是"我给他最好的一切，我花钱多，我付出的时间与精力多，就能起到好的作用，教育出的孩子就是优秀的"，相反，如果方法错误，教育是起不到任何作用的，还可能让孩子朝着反方向行走。

我给陈小姐的建议是，要学着区分对待工作与家庭的态度。毕竟在家里，她是孩子的妈妈，不是孩子的领导，不要把工作中的那一套用来对待孩子，不要对孩子发号施令。孩子逐渐长大了，有了自己的想法，也有了处世能力。我们所要做的，就是学会尊重孩子的意愿并进行指导，学会聆听孩子内心的想法，在事情的对与错、能做与不能做的问题上，给孩子分析其背后的意义。千万不要用我们的思想去限制属于孩子这个年龄段的自我判断能力。

"那我这样做，学着放手给她自由，她会不会像一匹脱缰的野马?"陈小姐显得很是担忧，因为女儿现在对她非常抗拒。

我耐心地安慰陈小姐：其实，当孩子表现出一种很讨厌你、喜欢和你作对的情绪时，恰恰说明她的内心还是很需要你的。只是你对她高高在上的态度与一连串的安排，让她暂时放弃了这种喜欢，选择了反抗你。她的内心也很矛盾。

当你尝试着给她这种自由的时候，她的内心便会慢慢地再度喜欢和接受你。至于孩子会不会真的像脱缰的野马，可能短时期内这种情况是会出现的。毕竟，对任何事物的接受，都需要一个过程。

长时间被压制的孩子重获自由后，最先想到的便是如何享受这难得的自由，利用这好不容易得来的自由完成自己想做的事。大人先不用太过紧张，要让孩子慢慢适应。在后期的成长路上，若父母加以正确的引导，我相信这种情况不会持续太久。

作为父母，我们要最大程度地在保证孩子自身安全的前提下，让他们开心快乐地成长。并不是我们替他们安排好一切，就真的是为了他们好。

这就好比有些植物，它生来就应该是在室外成长，历经风吹雨打才能存活。如果放在室内，温度和湿度达不到植物本身的需求，那么它不一定能够存活下来。不经历风雨的植物，怎能开出美丽灿烂的花朵呢？

听我说完，陈小姐不好意思地笑了笑："听你这样分析下来，你没给我们任何改变孩子的方法，却是让我们学着去改变自己……"

我也忍不住笑了："想要改变孩子，确实要学着从自身开始改变。"

诚然，对于改变别人，我们总是有一大堆道理，表现得很热忱，但是一想到自己也需要改变，却觉得有些难以接受，有些痛苦。因为我们一直觉得自己是成人，有了一定的价值观，做什么、说什么都是对的。

当自己的孩子有了令人不满意的地方或者犯了错误，我们首先想到的是去纠正，避免再次发生，因为我们要对孩子负责任。可是，我们从来不曾想过，这些问题是什么因素引发的，为什么会发生。如果我们不去寻找问题发生的根本原因，一切的努力都将是白费力气，起不到任何实质的作用。

如果你想要改变孩子，请先学着放低姿态，并从改变自身开始。

6.4　给老师送礼，真的对吗？

某天在小区楼下散步时，我碰到了同同和她妈妈。两人都是一脸的不高兴，我便试着问了问原因。

原来，学校要举行"六一"晚会，每个班级都有节目参与。同同自身条件不错，所以就被选中参加节目排练。孩子很用心地对待这次排练，课余也是抓紧时间练习，家里人也一致决定，演出那天要去观看同同的表演。可没承想,几天之后,一起排练的几个孩子竟然被替换了下来。老师也没有给出合理的解释,只是决定让另外几个孩子参加。

对于老师的这种做法,同同妈妈虽然心里很反感,但并不想让女儿从此对老师产生一些不好的印象,便安慰女儿:"班级中有那么多同学,但表演名额没有那么多,老师可能是觉得另外几个同学表现得更好,我们要为他们骄傲,也许他们还能为班级取得名次呢。"

同同听了妈妈的话后,反而一脸的气愤:"根本不是这样的,妈妈,你去学校看看,他们表演得一点也不好,只是因为他们的爸爸妈妈给老师送了礼物。妈妈,要不你也去送礼吧,我真的很想去参加演出。"

看着女儿一脸的委屈,同同妈妈显得很无奈。她后来去学校稍微打听了一下,情况还真的和同同说的差不多,那几个参加演出的孩子都是家里送了礼的。

同同妈妈后来去找老师询问。对于临时换人参加表演这事,老师的说法是:虽然孩子表现不错,但作为老师,也要公平地对待其他人。后来替换的那些孩子平时内向胆小,所以想通过这次表演给他们一个锻炼的机会。同同妈妈本来想质问老师收礼的事情,但担心对孩子造成不好的影响,只好悻悻地回家了。

后来,同同的爷爷奶奶无意中知道了这件事情,便责怪同同妈妈说,如果她私底下能和老师多走动,送送礼,让老师多关照一下孩子,也不至于变成现在这样。

可是对于这种私相授受的状况，同同妈妈心里既无奈又愤慨。因为从内心来讲，她是不赞成用这种方式去为女儿换取一个表演名额的，但她同时也不希望女儿受到不公平的对待。对于送还是不送的问题，她的内心非常矛盾。

如果送礼呢，自己可能就会瞧不起自己的所作所为，毕竟如果孩子从小耳濡目染这种风气，对她的成长是不利的；但不送呢，又担心孩子受到类似的不公正待遇，失去对老师的信任。所以，尽管很多父母内心是不赞同送礼这种行为的，但依然选择跟随大众，默默地接受了这种风气。

送礼这事自古以来就有了，求人办事、拉拢对方、特殊关照等，都与送礼有着密不可分的关系。古话说得好，"拿人家的手短，吃人家的嘴软"，就是这个意思。但不知何时起，这种风气逐渐被带到了校园里。

对此，我们来分析一下具体原因。送礼这事从表面上看，是关于每个孩子能否得到公平待遇的问题，但其实，它还关系到教师道德品行的问题。

身边有位当老师的朋友，曾和我谈论过这个话题，最开始她是明确拒绝的，可是后来其他老师都欣然接受了，时间久了，她也就坦然面对了，只是心中会觉得这种行为似乎与自己的初衷背道而驰，会有愧疚感。

其实，很多父母送礼无外乎出于这些方面的原因：希望老师能时刻关照自己的孩子，不区别对待；班级有任何露脸的机会，希望老师能够首先想到自己的孩子。但送礼就真的能够起作用吗？或许老师接受了家长的礼物，会对孩子格外多一些照顾，但这样真的对孩子好吗？

对于送礼，我想我们应该深入地思考一下。首先，老师对学习和行为等各方面都表现良好的孩子自然是喜欢的，反之，如果需要关照的学生比较调皮，老师内心可能会有一种轻视的想法，毕竟关照孩子是看在家长送礼的面子上。其次，某些父母为了孩子给老师送了礼，其实他们的内心对老师的评价会打折扣，会担心哪天不送礼，孩子就会受到不公正的对待等。所以，这是一种非常不可取的做法。

在孩子的内心还是一片净土时，在孩子的各种价值观还处于发展阶段时，如果长期在这种不良的氛围中成长，长此以往，就会对孩子的心理成长产生不良的影响，也会使孩子逐渐失去对他人的信任。

或许有人会说，如果不送礼的话，孩子在学校会受到不公正的待遇，也会对孩子的心理产生不好的影响。但既然送礼不是唯一的途径，那我们为何不试着寻找其他方式来代替呢？关于这个问题，我想谈谈自己的一些看法。

儿子读三年级那年的春节，我们去给孩子的爷爷送礼，爷爷却问我给老师送礼了没有。我愣住了，因为我压根儿没有考虑过这事。孩子爷爷看我没送，就跟我分析给老师送礼的种种利弊：送了礼，老师在各方面都会优先考虑、好好照顾，不然老师可能根本就不会注意到你。再说别人都送了，我们也不能落下。

我并不认同孩子爷爷的看法，试着反驳了几句，说孩子在学校的成绩和各方面的表现都不错，老师一直挺喜欢他的，不用送礼。但是孩子的爷爷一脸正色地说道："就算你不送，别人也会送，你总不想让孩子在学校受到区别对待吧。而且，现在比的就是谁送的礼更大气，更上档次。你送了，老师或许就会更喜欢他，但你不送，如果真到了孩子受到不公平对待的那天，你就后悔莫及了。"

后来，我还是选择听从自己的内心，因为我实在是没有找到一个合适的送礼理由来说服自己。只是后来，当儿子参加数学竞赛获奖的时候，我便决定让儿子自己去选择一份礼物，用于感谢老师的辛勤教诲。

诚然到最后，我还是给老师送了礼，但这后面的送和前面所说的送，有着本质的区别。

如果过节时我给老师送礼，那意义就变了，相当于是用物质的东西来腐蚀老师的心灵与品行。这样即使孩子从此在学校能够得到老师的特殊关照，但是对孩子的成长却很不利。至于后来孩子取得了好的成绩而给老师送礼，那代表的是师生间的一种纯洁的关系，只是出于感激之情。而且，这样的送礼孩子全程参与，对于孩子来说，也能让他学会感恩，并且没有复杂的关系掺杂其中，大家都不用觉得尴尬与为难。

其实，只要孩子全面发展，各方面优秀，老师是会很喜欢他的，没有哪个老师不喜欢努力上进的孩子。作为父母，我们与其把时间浪费在挖空心思给老师送礼上，还不如好好培养一个优秀的孩子，至于送礼，真的是次要的。

现实中也不乏一些自命清高的家长，认为只要送礼就是腐败，就是阿谀奉承。

关于送礼这个问题，社会上似乎没有绝对的支持，也没有绝对的反对。任何事情都有它的两面性，父母的心态起着至关重要的作用。如果是孩子在老师的教育下取得了骄人的成绩，那么出于对老师的感激，送礼也未尝不可，毕竟，谁不希望自己的工作被人肯定、被人赞赏呢？相反，如果是别有用心的送礼，那就真的是有害无益了。

除此之外，父母也可以引导孩子与老师友好地相处，为良好的师生情谊指点迷津，鼓励孩子好好学习，因为这才是对老师最好的回报。对于孩子取得的成绩，首先最应感谢的人就是老师。我们平时不妨多和孩子探讨一下老师的工作，节假日的时候，也可以让孩子亲自为老师挑选礼物，用于感谢老师的辛勤付出。这会让孩子怀着感恩的心态去学习成长，也是对孩子以后各方面的成长有益的一种教育方式。

6.5 不要对孩子恶语相向

一天，牛牛的爸爸下班回到家后，发现自己平时放在书房里的万用表不见了。由于急着用，爸爸就到处找开了，找了半天，最终才在卧室的床底下找到表。可是爸爸发现，万用表不知被谁弄坏了。

此时，爸爸注意到坐在写字台前心神不定的儿子牛牛，便猜出个八九不离十。

爸爸把牛牛叫过来问："牛牛，爸爸的万用表是你弄坏的吗？"

牛牛虽然心虚，但还是不敢承认，战战兢兢地说："我不知道。"

爸爸说："是你也没关系，爸爸不批评你，我只是想知道是谁弄坏的。"

牛牛低下头说："是我弄坏的，我拿着它玩，不小心给摔了……"

爸爸说："承认了就是好孩子，弄坏了东西没关系，但是你想想，能不能把它修好呢？"

牛牛拿起万用表看了又看，好像在想什么问题。然后，爸爸就手把手地教牛牛修东西。不一会儿，两个人就把表修好了，牛牛高兴得不得了。

爸爸趁热打铁，对牛牛说："宝贝，你今天把万用表摔坏了没什么事，但是如果你哪天把水管弄坏了，流了很多水，怎么办？如果你点了火，家里有东西着火了，怎么办？所以，犯了错误首先要告诉爸爸妈妈，我们会帮你解决。当然，如果你自己能解决，那就最好了。"

牛牛认真地点点头说："爸爸我知道了，如果我以后犯了错，一定先告诉爸爸妈妈。要是我能把东西修好，我就自己修。"

牛牛的爸爸做得很好，他没有一味地责罚孩子，而是循循善诱地引导孩子承认错误，并让孩子认识到不告诉父母事实的危害。

然而在现实中，并不是所有的父母都能像牛牛爸爸这样。有的父母对孩子异常严厉，容不得孩子犯一丁点错误。每当发现孩子哪些地方做得不对，甚至只是不够好时，就会严厉斥责孩子。长此以往，孩子不但容易缺乏自信，以为自己真的什么都做不好，而且心理也会因父母的这种特殊的"爱"而发育不良。试想，如果牛牛的爸爸对孩子严厉呵斥甚至恶语相向，会得到怎样的结果？在漫长的成长过程中，孩子不犯错是不可能的，一旦犯了错，他们很有可能会产生恐惧感，脑子里蹦出来的第一个念头就是："完了，爸妈知道了怎么办？他们会打烂我的屁股的。"所以，如果父母不允许孩子犯错，对于孩子来说，很可能会造成一定的负面影响。

另外，还有些父母由于受传统教育思想的影响，认为"严管出孝子"，时时刻刻对孩子保持严厉。于是，他们不分青红皂白，对孩子的所有错误都严厉指责，甚至有些家长生气的时候口不择言，对孩子恶语相向，丝毫不顾忌孩子幼小心灵的承受能力。

其实，这种做法容易扼杀孩子对生活和学习的自发性、主动性、积极性，发展到最后，必然是孩子害怕因为犯错而挨骂，而不主动去学习和尝试。这样，孩子的探索欲和求知欲就会被毁灭，后果就可想而知了。

作为家长，尤其要注意的是，惩罚孩子时最不应该采用的方式是对孩子挖苦、讽刺甚至谩骂。因为这些讽刺挖苦和恶语谩骂，已经超越了孩子的理智能够承受的范围，将会给孩子的自尊心带来很大的伤害。如果父母在责骂孩子的过程中，无法控制自己的情绪，口不择言，让"责"变成了"骂"，甚至为了骂而骂，就会背离惩罚孩子的初衷。其结果只会适得其反，不但无法纠正孩子的错误，反倒给孩子带来另外的伤害。

所以，父母在惩罚孩子的过程中，一定要牢记不能恶语相向。要知道我们的目的是帮助孩子改正错误，而绝不是为了图一时的痛快而去刺激孩子脆弱的自尊心。惩罚孩子要讲究方式，批评孩子同样也要讲究用语，这是一个合格的家长所必须具备的素质和能力。

6.6　与其哄骗孩子，不如信守诺言

哄骗孩子，是家长"对付"孩子常用的一种手段。

很多父母在孩子任性的时候，会以好吃的、好玩的等来哄孩子。例如："别闹了，待会儿妈妈就给你买好吃的。""等爸爸发工资了，就给你买新玩具。""别哭，妈妈一会儿给你讲故事。"……父母以为孩子还小，随口哄哄也没关系。其实，这种做法对孩子的成长非常不利。

婉婉是一个非常聪明的小女孩，就是有些贪玩。一次，妈妈为了激励婉婉努力学习，便对她说："乖女儿，下次考试只要你能进入年级前10名，妈妈就带着你去外地旅游。"

"妈妈，这是真的吗?"婉婉不相信地问妈妈。

"当然，妈妈还能骗你吗?""那好，我想去云南，咱们可说好了呀。"婉婉高兴地说。在这个目标的激励下，婉婉最近一段时间学习非常努力，有了问题就会问老师，学习进步非常快。

　　结果,婉婉的考试成绩是全年级第八名。拿到成绩单,她非常高兴,一放学就乐颠颠地跑回了家。妈妈看到成绩单后也非常高兴,不停地夸奖婉婉很厉害。"妈妈,那咱们什么时候去云南呀?"婉婉迫不及待地问。

　　"云南太远了,再说你马上就要升入六年级了,学习可不能放松。要不然,妈妈带着你去吃'必胜客',算是对你的奖励,好不好?"妈妈对婉婉说。这时婉婉不高兴了:"我才不要吃什么'必胜客'呢,我要去云南!妈妈说话不算话,我以后再也不相信你了!"

　　瞧,这又是一个哄骗孩子的例子。父母哄骗孩子,其实就是一种不信守承诺的表现,这会严重影响孩子的身心健康。孩子3~15岁时,是他们行为习惯和道德品质形成的一个重要时期。孩子善于模仿,尤其是模仿父母。父母总是哄骗孩子,会让孩子学会撒谎、欺骗。由此可见,父母信守承诺,是非常有必要的。

　　父母与其哄骗孩子,不如信守诺言,给孩子树立一个良好的榜样。父母要求孩子做到的事情,自己首先要做到;不要轻易向孩子许诺,一旦做出承诺,就要尽力实现。如果父母兑现不了诺言,也要受到惩罚。这样父母才不会失信于孩子,孩子也才会成为一个讲诚信的人。

　　首先,要求孩子做到的,父母自己要先做到。现实生活中,很多父母忽视自己对孩子潜移默化的影响,只是严格要求孩子,对自己却放任不管,用双重标准教育孩子。长期在这种家庭环境中成长,孩子很可能会成为一个出尔反尔、不讲信用的人。所以，父母一定要以身作则，给孩子树立一个好的榜样。在这里，我给大家分享一个故事：

曾子是孔子的弟子，深得孔子的教导，是一个很有学问的人。曾子要求自己的孩子做一个诚实的人，这一点他自己也做到了。一次，曾子的妻子要到街上去，小儿子在后面哭闹着也要跟着去。曾子的妻子哄儿子说："孩子，你回去等着我，等我从街上回来了，我杀猪给你吃。"结果，曾子的妻子从街上回来后，看到曾子正准备杀猪。她急忙劝阻道："我刚才说要给孩子杀猪吃，只不过是哄孩子玩，不过是一句玩笑罢了。"

曾子却严肃地说："父母是不能随便哄孩子的，毕竟孩子还小，不懂事，处处都会学习、模仿家长。如果你哄骗他，其实就是在教导孩子哄骗他人，这样怎么能把孩子教育成一个诚实的人呢？"

最终，曾子把猪杀了。

这个故事告诉我们，父母的一言一行，都会对孩子产生巨大的影响。如果父母经常哄骗孩子，说到做不到，就不能把孩子培养成为一个诚实的人。所以，父母一定要像曾子那样，要求孩子做到的，自己首先要做到。

其次，如果无法实现诺言，父母就要承担后果。信守诺言的父母，才能教育出说话算话的好孩子。如果做出的承诺实在是无法兑现，父母也要承担后果，以此让孩子引以为戒，学会承担责任。

儿子虽然是一个小男孩，但非常喜欢吃零食，尤其是在看电视的时候。为了让儿子从小养成良好的习惯，我对他一向严格要求。看到儿子看电视的时候总是吃零食，我知道这对他的身体健康不好，因此制定了一条家规：禁止在看电视的时候吃东西。

可是，我也有看电视时吃零食的习惯，因此儿子只能眼巴巴地看着妈妈边吃零食边看电视。他觉得非常不公平，便向我提出意见。我每次都会说："妈妈知道了，下次看电视时妈妈一定不吃零食了。"我虽然嘴上说会改掉这个习惯，但是每当看电视的时候，我依然会吃零食。

在一旁的丈夫认为，这是一个教育孩子的好机会。他决定利用这个机会帮我和儿子改掉看电视时吃零食的坏习惯。于是，丈夫主持公道了："既然家规制定好了，家里的每个人都应该遵守。既然妈妈说话不算话，就应该受到惩罚。"这时候，我心领神会，便检讨了自己的错误行为。为了表示公正，丈夫还"惩罚"我一周都不能吃零食。

在我们的影响下，儿子不仅改掉了看电视时吃零食的坏习惯，而且还养成了说话算话、信守诺言的好习惯。

丈夫能够抓住机会教育孩子，我也承担了说话不算话的后果，以身作则地教育孩子信守诺言。事实证明，这不仅是帮助孩子改掉坏习惯的好方法，也是健全孩子人格的好手段。

6.7　父母吵架，孩子最受伤

在生活中，我总是能看到父母毫不避讳地在孩子面前大吵大闹的情景，看着旁边瑟瑟发抖的孩子，我倍感心疼。父母往往认为，吵架是两个人的事，殊不知，这样的行为会对孩子的心理造成很大的伤害。

心理学家曾在一所高校进行过心理调查，结果表明，生活在父母经常吵架的环境中的孩子，出现的心理问题的概率是和谐家庭中成长的孩子的 5 倍以上。

茜茜本来是一个阳光活泼、充满自信、爱唱歌跳舞的孩子，后来她的爸爸妈妈感情破裂，经常歇斯底里地吵架，而且每次吵架时都当着孩子的面，丝毫没有顾忌孩子的心理承受能力。接着，为了争夺孩子的抚养权，他们甚至还发生了肢体上的冲突。目睹了父母多次吵架的茜茜，最后因为一场意外导致左耳失聪。她不仅在身体上受到了伤害，在人际交往方面也受到影响。茜茜变得不爱说话，不爱与人交流，缺乏自信，各方面的发展都受到了影响。

现在，孩子的模仿能力特别强，模仿来源又很多元化。比如，网络电视或家庭成员中的举止行为等，都会对孩子造成一定的影响。有些父母在吵架的过程中，丝毫不会顾及自己的形象，说话尖酸刻薄，甚至大打出手，摔门、摔东西都成为家常便饭。而在吵架的过程中，双方极有可能会忽略掉一旁的孩子，有的甚至还把孩子当作发泄的对象。

当孩子目睹了父母吵架时的一些身体行为和语言行为后，他们在日后的生活中极有可能会去模仿。因为父母遇到问题时，是以吵架来解决的，那么孩子也会理所当然地认为吵架、谩骂乃至打架是解决问题的最好方法。以致他们日后在与他人的相处中，一旦发生矛盾，也会有样学样地采取同样的方式来解决问题。

我之前看过一则新闻，印象尤为深刻。它讲的是一对年轻夫妻，因为生活习惯与家庭琐事经常吵架。夫妻俩每次吵架，谁也不服软，都很强势。三天一小吵，五天一大吵，发展到后来还经常动手，对于旁人的劝阻，他们根本听不进去。

长久的怨恨累积在一起，终于有一天，战争再次升级。夫妻俩大吵时，拿着家里的东西撒气，摔得乱七八糟、一片狼藉。眼看着东西都摔完了，俩人还不解气。盛怒之下，一人竟然抱起婴儿车中才两个月大的孩子，将其摔在了地板上。

等到他俩回过神来的时候，他们才发现孩子早已陷入昏迷。后来，孩子被送入重症监护室，医生告诉他们，孩子能不能醒过来还不一定，要等待后续观察。

这种伤害对孩子所造成的影响，终生都难以磨灭。很多夫妻吵架时，往往会言辞激烈、情绪失控，对孩子的哭闹不予任何理会，以致孩子的情绪受到强烈的冲击，遭受惊吓并产生害怕、无助、悲伤等一些消极情绪，极度缺乏安全感。他们会以为父母不要自己了，进而产生恐惧心理，还可能在潜移默化中让孩子学会这种不健康的处理人际关系的模式。

受此负面影响，孩子的性格和行为可能也会出现扭曲。长期生活在此种争吵氛围家庭中的孩子，所表现出的攻击性会明显大于常人。长大后，他们也会异常冷漠，自卑内向，脾气暴躁，对他人缺乏信任感，敏感多疑，在生活中极易自暴自弃，缺乏对外界事物的兴趣等。

诚然在生活中，再相爱的人也难免会因为价值观的不同，意见相左而发生冲突，但关键是如何化解这种冲突，不给孩子带来负面影响。在这里，有三个方法值得大家借鉴：

首先，如果父母不可避免地会发生争吵，千万别忘记安慰身边的孩子。告诉孩子，爸爸妈妈只是在某些方面意见不和，没有好好沟通而已。并对孩子说明吵架的事情已经过去了，父母也已经和好如初，彼此依然是相亲相爱的一家人。

其次，可以和孩子谈谈心，鼓励他们把当时的感受说出来。向孩子坦诚地说明爸爸妈妈吵架的原因，并解释给孩子听，努力打消孩子的担忧与恐惧，让孩子实实在在地感受到父母对他的爱。如此，时间久了，只要夫妻间和睦相处，孩子也会逐渐淡忘这份伤痛。

最后，父母应该注意的是，在日后的生活中，孩子有没有一些不好的模仿行为出现。如果出现，要及时纠正并告知孩子这种错误的模仿所带来的不利影响。父母对于自己做得不好的方面也要勇于承认错误，毕竟这些错误随时有可能成为孩子的模仿对象。

每个降临到人间的孩子都是纯洁的天使，他们需要我们精心的爱护，才能身心健康地成长，这必然需要一个和谐有爱的家庭成长环境。所以，父母间即使有矛盾，也不应该把孩子牵扯进来，更不能把孩子作为牵制对方的一个筹码或者工具，让年幼的孩子卷入这些是非中，从而伤害到他们。

如果夫妻双方确实因为有些问题无法避免冲突的发生，那应该尽量避开孩子，并以不伤害孩子为前提，理性地处理各种问题。千万不能利用幼小的孩子，不要在孩子面前细数对方的过往与不堪，把对对方的怨恨与不满传递给身边的孩子，更不能因为觉得伤害了孩子就一味地宠溺与偏爱。

6.8 教育孩子，父母要统一口径

小雨的妈妈为了让女儿养成良好的习惯，严格控制她看电视的时间，以 1 小时为限。可是爸爸的观点是，只要不影响孩子学习，在时间上不用过多限制。所以，每当妈妈催促小雨关掉电视时，爸爸总是会与妈妈争辩，批评妈妈太过严厉。在这种争执的过程中，小雨便自然而然地得到多看半小时的权利。

相反，在其他方面，当小雨犯了错误时，爸爸会采取比较严厉的体罚方法来教育女儿。这时妈妈又会反对，因为她比较反感这种方式。久而久之，在小雨的教育方面，两人经常会发生争吵。

在不知不觉中，小雨渐渐学会了察言观色和左右逢源的伎俩。甚至在某些时候，为了达到自己的目的，小雨会故意让爸爸妈妈发生争执，并利用他们之间不同的教育观点来躲避一些惩罚。

有些父母与家里的老人、长辈住在一起，这种教育方式的冲突会更加显而易见。很多父母认为，我们不发生争执，只是各自心平气和地"唱黑白脸"，也不行吗？当然不行。因为就算不发生争执，各行其是的教育方式也会影响孩子的全面发展。这不仅会影响孩子的价值观，在性格上也容易导致孩子优柔寡断，使孩子的身心健康受到危害。

一项针对青少年犯罪的调查报告显示，虽然父母感情不和、家庭破裂是引起犯罪的重要根源，但是家庭教育中父母双方态度的不一致，也是引发青少年犯罪的主要原因之一。

所以，父母一定要充分认识到这种错误的教育方式给孩子带来的不利影响，并做出正确的改变。在教育孩子的问题上，全家人要统一口径，相互尊重，相互协调，这样才能让孩子信服家长的观点，取得良好的教育效果。

为此，总结我个人的教育经验，提出以下几个建议供大家参考：

一是保持教育观点的一致性。为了避免孩子受到不同教育观点带来的一些影响，家庭成员一定要做到教育观点的一致性，要统一口径。这不仅会让孩子容易接受，也有利于减少孩子的一些消极情绪，更加有利于给孩子创造一个健康的成长环境，培养他们的良好习惯。

周末的一天，妈妈要出门办事，临走前对小强说："今天要先把作业做完，然后才可以出去玩，一定要记住了。"小强点点头，答应了妈妈。

可是作业还没有做完，小强便听到窗外有人叫他。原来是住在同一个小区的小伙伴让他下去和他们一起骑滑板车。小强忍不住，便去问奶奶自己能不能先出去玩会儿，回来再做作业。奶奶说："你忘了答应妈妈的事情了吗？做完作业了才能出去玩。"

于是，小强便告诉楼下的小伙伴，自己做完作业了再去找他们。大概过了 40 分钟，小强终于做完了作业，收拾好了自己的书包后，便高高兴兴地下楼去玩了。

由于奶奶和妈妈统一了口径，在教育观念上保持一致，小强便很愉悦地接受了安排。所以，家庭成员教育观点的一致性非常重要，这有利于督促孩子养成良好的习惯，使他们受益终身。

二是在教育过程中要懂得沟通与协调。很多父母在教育孩子时，往往是一方在批评，另一方却在不停地维护。殊不知，这样做并不能很好地教育孩子。在家庭中，父母之间如果意见不统一，要相互沟通，相互配合，切不可一意孤行、独断行事。

当孩子犯了错误时，如果夫妻双方教育孩子的理念不同，一定要心平气和地沟通问题的解决办法，并努力协调一致，让孩子在健康的家庭氛围中快乐成长。

三是私下化解观念的不同与冲突。教育孩子时，父母最担心的就是因为观点的不同，而引发家庭内部的矛盾与冲突。当教育观点不同时，父母最好不要当着孩子的面发生争执，避免由此对孩子的心理产生不良的影响。

在小辉的教育问题上，爸爸妈妈经常会因为观念不同而发生争吵，谁都不想让步与认输，妈妈对此一直很苦恼。后来一位好朋友告诉她，教育孩子不能各行其是，要观点一致，这时妈妈才恍然大悟。

有一次，小辉和爸爸妈妈一起去游乐场玩。小辉想坐摩天轮，妈妈觉得不太安全，还有可能发生晕吐。正想说不可以时，爸爸却一口答应了儿子的请求，还鼓励儿子："男子汉就应该勇敢些。"于是，爸爸便和小辉一起玩起了摩天轮。

晚上回到家，妈妈忍不住地和爸爸谈了谈，说出了自己的一些观点。最终，爸爸答应以后会时刻注意儿子的安全问题。小辉和爸爸一起时，才可以坐摩天轮，而一个人的时候坚决不能玩。夫妻双方也约定，以后教育观点、意见有冲突时，会私下化解，避免发生冲突。

这样的教育方式执行了一段时间以后，爸爸妈妈发现，他们之间的争吵变少了，家庭也变得和睦了。更重要的是，在小辉的问题上，他们保持了教育观念的一致性。而小辉也能认真汲取意见，做到有错必改，脸上的笑容也多了起来。

在对孩子的教育观念方面，家庭成员间难免会出现意见分歧，这是难以避免的。但是作为家长，我们要时刻谨记，不管因为什么，都不能当着孩子的面发生争执。有不同的意见与观点时，可以选择私下协商。我相信，没有什么是化解不了的，毕竟我们的初衷都是为了孩子的成长。统一口径，目标一致，才能让我们更好地教育孩子，让孩子更好地成长。

第七章

以孩子为师，在陪伴中一起成长

　　无论时代如何更迭，陪伴永远是每个孩子成长的必需品。父母对孩子的陪伴，绝不是一些父母眼中的"陪伴=看着"。陪伴的本质，就是和孩子一起成长。孩子学习成长，父母学会成熟，向孩子学习，与孩子一起成长。陪伴看似简单，做起来却很难。它是父母与孩子一起成长的过程，也是父母自我成长、自我修炼的过程，需要父母的耐心和毅力。所以，请以孩子为师，在陪伴中与孩子一起成长。

7.1　陪伴是父母给孩子最好的礼物

　　陪伴是对孩子最长情的告白。可现在很多家长却因为忙碌而没有时间陪伴孩子，丁丁的妈妈就是如此！

　　丁丁妈妈是一家公司的业务主管，工作非常忙碌，根本没有时间照顾孩子。所以，丁丁从小就跟着奶奶生活，只有周末的时候才被接到家里和父母团聚。即便就是这两天，妈妈也不能安心地陪孩子，不是不停地打电话，就是一个电话就被叫走了。

一个周末，妈妈好不容易陪丁丁到游乐场玩游戏，可丁丁正玩得高兴，妈妈的电话就响起了。妈妈不好意思地说："丁丁，你自己先玩一会儿，妈妈去接个电话，好吗？"

丁丁知道一旦妈妈接了电话，很可能就无法陪自己了，便生气地说："不行！你不能接电话！"

妈妈无奈地说："丁丁乖，万一人家有重要的事情怎么办？"可丁丁却不依不饶，说什么也不让妈妈接电话。然而这电话却一个接一个响起，妈妈只能不顾孩子的情绪，拿起手机就接听起来。谁知丁丁一怒之下竟抢过妈妈的手机，使劲摔在地上，大声地喊道："你是要接电话，还是要我！"

妈妈被丁丁的怒气吓到了，只能愣愣地站在那里。

如今，人们的生活节奏加快，很多工作和生活上的事情占去了我们太多的时间，相信许多家长深有体会：似乎平日里事情总是做不完，时间怎么也不够用。好不容易忙完自己的事情，孩子要么已经睡了，要么上学走了，自己好像永远无法拥有足够的时间来和孩子相处。

曾经有一个媒体节目定义了这样一种家长：他们因为忙于事业，虽然是将孩子带在身边，但通常是交给爷爷奶奶或外公外婆照顾，或者把孩子送入全托的午托部等机构，到了周末才把孩子接回家一起过周末，培养亲情，到了周一又准时把孩子送走。这样的家长，被教育学家称为"周末父母"。

　　看到这里，可能有些家长觉得委屈：自己工作是真的忙，但凡能不把孩子交给爷爷奶奶或者午托部，谁愿意当"周末父母"？自己一天到晚为了工作和生活奔波，每天到家累得不行，只想倒头睡下，哪里有时间跟孩子互动，培养感情呢？但是这些委屈的家长们，你们可曾换个角度来看这一切呢？

　　记得有这样一个小故事：小和尚跟着方丈修行，总觉得方丈不管自己，修行没有什么长进。于是，方丈派小和尚每日背石头上下山。小和尚累得气喘吁吁，却发现一个小女孩背着弟弟在山腰放羊，每天上山下山来回几趟，从无停歇。小和尚向女孩抱怨说，一个人上山尚且疲累，多背几十斤的重量上下山，实在是辛苦得不得了。没想到，小姑娘却说她不累，因为她背的是弟弟。

　　故事虽短，却值得每一位家长深思。心里有什么，得到的就是什么。生活诚然是艰辛的，家家都有难念的经，没有谁可以轻松舒适地活着，正所谓"哪有什么岁月静好，不过是有人在替你负重前行罢了"。作为家长，要扛起一家人生活的担子，自然要辛苦一些。但是我要说的是，那些把陪伴孩子当作生活负担的家长，你们大错特错了。相对于工作的奔波艰辛，陪伴孩子其实是每一位家长最好的休闲方式。如果你留意，就会发现，当自己每天拖着疲惫的脚步回到家，孩子的关心和安慰是对抗疲劳的最有效法宝，即便是不会讲话的婴儿。他看到你时脸上的惊喜和开心的表情以及口中咿咿呀呀的话音，就足以融化你内心所有的疲惫和委屈。这些与孩子相处时的喜悦和幸福，都是一个人成为父母之前所无法体味到的。

随着经济文化的加速发展以及信息化社会的形成，当今社会的育儿模式与过去相比也有了比较大的变化。电话、网络等现代化通信手段的发展，使得一部分家长渐渐忽视了陪伴对于孩子成长的重要性。曾有教育机构做过这样的数据统计：如今的孩子，如果住校的话，一年12个月，除去寒暑假，每个月按4周计算，这样粗略算下来，父母和孩子一起度过的时间竟然不到一年的三分之一。大约有三成的父母回家以后做得最多的事，就是看电视、看手机和上网。对于这些家长来说，在家看电视、玩手机、上网、玩游戏等，有助于他们释放压力，调节情绪。久而久之，即便是在与孩子相处的周末，这些家长也会把自己的大量时间放在看电视、看手机和上网上，以至于有很多"低头族"家长，因为带孩子时只顾看手机，导致了悲剧的发生。

要知道，陪伴是父母给孩子最好的礼物。如果说孩子的成长是一场长跑的话，父母只是伴跑者，而不是领跑者，更不是教练。孩子有很多和你最亲昵的时光，一旦错过，就再也回不来了。那些以"忙"为借口而不陪伴孩子的家长，那些以"累"为理由坐在孩子身边玩手机的家长，将来必定有后悔的一天。缺席孩子的成长，是家长最大的损失，而且终身无法补偿。

古语有云：子欲养而亲不待。我们不妨换个角度来看，作为父母，我们是否也应该反思一下自己在陪伴孩子成长中的不足和错误。千万不要等到"亲有言，而子不语"的那一天。希望每一位家长都能明白，给孩子多一点陪伴，并不是因为孩子需要你，而是你需要孩子。有一种最美的陪伴是：我陪你长大，你陪我变老。陪伴不仅是父母给孩子的最好礼物，同样也是孩子给父母的最好礼物。

7.2 孩子学习成长，父母学会成熟

前两天，我在微博上看到一则新闻：我国西南某高校学生家长送女儿到校报道后，瞒着女儿在学校周边租了一间短期一居室，暗中观察女儿的大学生活，甚至把女儿一日三餐吃了什么都记得清清楚楚。

我把这则新闻拿来和朋友讨论，朋友跟我讲了她儿子小伟上大学时的情形。

小伟在外地上大学，刚入学的那一个月，朋友的手机都快长在手上了。她每隔几分钟就打开手机看看小伟有没有打电话回来，有没有给自己发微信，生怕错过什么消息。她担心小伟在学校吃不好，不习惯住寝室，衣服洗不干净等。朋友说："一方面，我希望小伟能够学会独立；另一方面，我又天天盼着儿子给我打电话，哪怕只是抱怨，我也会觉得很开心。"

然而，小伟并没有和她抱怨。

第一个星期，小伟还会每天和妈妈视频、发微信，讲讲学校的事

情。但是大多数是好的情况，比如学校的风景很美、军训的教官很和蔼、室友很友好，就是没有说想家、想爸妈。

不仅如此，接下来的几个星期，小伟打电话的频率越来越低，经常是还没说几句就说"妈妈，我不跟你说了，室友叫我一起去吃饭"，或者"妈妈我先挂了，朋友等我一起上自习，回头再说"，然后就匆忙挂了电话。

儿子突然离开了家，这让朋友觉得非常伤心，她很不适应儿子不在身边的日子，觉得自己被儿子"抛弃"了。但是朋友明白，把儿子一辈子拴在自己身边是不现实的，所以她从来不向小伟诉说自己的心事，并努力克服自己的消极情绪。

之前，朋友的生活中心就是儿子，给他洗衣服做饭，送他上学。如今，儿子离家上了大学，她不想变成一个整天思念儿子、唠叨儿子的"怨妇"，于是报名参加了一个插花班和一个瑜伽班，丰富自己的业余生活。

当父母面对孩子的成长和独立时，往往会感到局促不安，因为孩子需要自己的地方越来越少，甚至有的父母觉得自己如"空巢老人"般，根本感觉不到子女的存在。但是孩子的成长是必然的，适应孩子的独立，是我们作为父母的必经之路。

心理学家西尔维亚说："这个世界上所有的爱都以聚合为最终目的，只有一种爱以分离为目的，那就是父母对孩子的爱。父母真正成功的爱，就是让孩子尽早作为一个独立的个体从你的生命中分离出去，这种分离越早，你就越成功。"

成熟的父母，会盼望孩子的独立，接受孩子的"抛弃"；成熟的孩子，可以离开父母而独自生活得很好，勇敢地迎接属于自己的人生。

可是，在现实生活中，不成熟的父母和孩子占据着大多数。我们的周围一定出现过这样的情况：

有的家长舍不得孩子离家太远，于是孩子从幼儿园到大学都在"家门口"上，衣食住行由父母一手包办；大学毕业后，直接进入父母安排的单位上班，人际关系单一，业余生活匮乏；接着，在父母的安排下相亲、结婚、生子；甚至婚后生活并不理想，又在父母的"安排"下离婚。这便是一个孩子的一生。

之所以会出现这样的情景，其实是因为父母和孩子不成熟。

父母不成熟，把孩子当成自己的附属品，在各个方面限制孩子，不让他们独立；孩子不够成熟，过度依赖父母，缺乏独立的勇气。父母和孩子都把对方当成自己生命中最重要的人，因此，孩子没有办法扩展自己的社交圈，只能依赖父母，一秒都不能离开。

在中国传统的家庭关系里，孩子是核心，特别是独生子女家庭居多，这样的情况就更加严重了。当孩子一出生，孩子的父母和孩子的祖父母，都把注意力放在孩子身上，为孩子倾注了全部心血。亲子关系过于亲密，父母、孩子都没有办法独立，因此出现了很多家庭矛盾。

实际上，我们的一生都在不断地面临离别。电影《少年派》中有这样一句台词："人生就是不断地放下，但最遗憾的是，我们来不及好好告别。"面对离别，孩子要学会成长，父母要学会成熟。

怀胎十月，母亲迎来了和孩子的第一次分离，让孩子与这个美丽的世界产生了联系，开始了一段全新的旅程；孩子渐渐学会了走路，离开了父母的牵引，这是第二次分离，让孩子开始对这个世界有了跌跌撞撞的探索；等到孩子开始上幼儿园，白天送晚上接，这是第三次分离，让孩子慢慢地学着接触社会，接触老师，接触朋友……

作为父母，我们要学会放手，这才是真的对孩子好。我们要用平等的眼光对待孩子，让孩子必须经历历练和磨难，鼓励孩子走自己的路。即使这条路充满荆棘，也不要随意插手。

孩子拥有自己的精彩人生，成熟的父母应该接受孩子的成长，接受孩子的离开。

成熟的子女应该明白，父母不可能一辈子做自己的保护伞。尽管自己心里对未来充满不确定，也要步伐坚定地向前走，以后的风风雨雨，要自己学着承担。

什么样的亲子关系才是良好的？我想借用龙应台《目送》中的一句话来回答："我慢慢地、慢慢地了解到，所谓父女母子一场，只不过意味着，你和他的缘分就是今生今世不断地在目送他的背影渐行渐远。你站立在小路的这一端，看着他逐渐消失在小路转弯的地方，而且，他用背影默默告诉你:不必追。"

7.3 父母给予孩子最好的礼物是时间

陪伴孩子成长,是对孩子最好的教育。孩子的成长期只有十数年,错过孩子的成长,会成为父母终身的遗憾。父母要抽出时间和孩子一起成长,见证孩子在成长过程中的喜怒哀乐。

父母抽出时间和孩子相处,是增进亲子感情的一个重要途径。在信任的基础上,孩子会向父母吐露自己真实的想法,这是父母展开教育的前提。

新东方教育副总裁陈向东曾经说:"我就是一名教育孩子的失败者。"他为什么会这样说呢?因为他觉得自己给孩子的时间实在太少了。

一天晚上,陈向东 11 点才回到家,可大女儿宁宁还没有睡觉,在那里伤心地哭泣。他不解地问道:"这么晚了,你为什么还不睡觉!"

宁宁哭着说:"我感到难过,我想妈妈了!"

原来妻子外出了,而女儿则是想妈妈了。于是他安慰女儿说:"虽然妈妈不在家,可是还有爸爸在啊!这有什么好哭泣的!"

谁知宁宁却说:"爸爸在家有什么用?你知道我有什么作业吗?你知道我语文课本要学什么吗?你知道我上什么培训班吗?"

女儿的话让陈向东愣住了,这时他才发现自己陪孩子的时间太少了,给予孩子的关怀也太少了。就是因为没有时间陪孩子,亲子间的互动和交流少了，孩子和自己的关系也变得疏远了。

社会竞争很激烈，使得很多父母将大部分的时间放在工作上。不少父母就以工作忙为由，很少和孩子交流、沟通，导致孩子和父母的关系冷淡。

然而一生中，父母和孩子相处的时间是有限的，总有一天孩子会离开父母踏上社会。所以，在孩子还在自己身边的时候，父母要懂得珍惜，给双方交流的时间。父母给予孩子的最好的礼物就是时间。其实，父母给予孩子时间，就是在给予孩子爱，因为爱是在时间里培养起来的。

如果有时间，请尽量多地和孩子在一起，因为这是给孩子最好的礼物，是最真实的关爱。

令我感到惋惜的是，如今的父母即使有时间和孩子在一起，也总是想抓住有限的时间对孩子说教，但孩子并不爱听。这样一来，亲子关系自然会很紧张。父母如果能常常抽出时间和孩子相处，并且用这段共处的时间陪伴孩子一起学习、玩耍、旅行，孩子和父母的关系就会融洽很多。

父母所给予孩子的亲情和关爱是无可取代的，但是很多父母以忙为由，不会和孩子共处，这样就没有机会和孩子进行深层次的沟通和交流。我们不会和孩子说心里话，孩子也不会主动和我们说心里话。

因此，我们要坚持每天抽出时间和孩子在一起，分享自己一天的喜怒哀乐，引导孩子说出自己的喜怒哀乐，从而用我们的人生经验为孩子解疑答惑。这样也才会避免出现前面故事中乐乐和爸爸之间的问题。

另外，孩子的情感丰富而敏感，要走进孩子的心灵，必须多花些时间和孩子进行情感上的交流。父母可以通过聊天、做游戏等互动的方式，来增进和孩子间的感情。

琴琴的爸爸妈妈离婚了，她和妈妈一起生活。琴琴好像变了个人，整天无精打采。她学习成绩本来就不理想，现在更糟了。妈妈为了养家，总是忙着工作，和孩子在一起的时间有限，没有注意到孩子的变化。琴琴体验不到妈妈的关爱，情绪更加消沉。

这时候，妈妈才发现这个问题，于是主动减少工作量，还利用暑假请假一周带琴琴出门旅游。在旅游的时候，琴琴将自己心里的感受告诉了妈妈，妈妈也把自己辛苦工作想让琴琴过上好生活的想法告诉了琴琴。琴琴突然体会到了妈妈的辛苦，情绪逐渐好转。

如果琴琴的妈妈没有留时间给孩子，那么她就没有机会观察到孩子的情感变化，也就会错过帮助孩子的机会。与孩子进行情感交流，是在帮助孩子健康成长，父母一定不要错过。

身为父母，我们每天要尽可能多地和孩子在一起。时间长短并不是关键，重要的是在有限的和孩子在一起的时间内，你要全身心地投入和孩子的对话、游戏中去，让孩子在这些微小的举动中获得幸福感。

7.4 向孩子学习，与孩子一起成长

"爸爸""妈妈"的"殊荣"，是有了孩子之后才有的，这是全新的身份。因此，要做好父母也需要学习。而且，教育本来就是两代人相互影响的教育。这是一个信息高速发展和共享的时代，信息量大，孩子接受能力强，这对父母的教育提出挑战。父母必须及时学习，包括向自己的孩子学习。只有这样，才能成为合格的父母。

一个周末，妈妈和洋洋一起去参加亲子沙龙，举办沙龙的地点在一个公园。那天天气很热，不少人会买雪糕降温解渴。妈妈买了两支雪糕，在将雪糕袋子放进垃圾桶的时候，妈妈不小心把它们掉在了外面。

洋洋看见之后，就想弯腰捡起来。

"用不着你捡，环卫工人会来收拾的。"妈妈阻止洋洋道。

"妈妈，我在学校大扫除的时候，也会遇到有人没有将垃圾扔进垃圾桶的情况，这就增加了我劳动的时间。那时候我就想着，以后坚决不让其他做值日的同学费劲。妈妈，你也该向我学习。"洋洋严肃地对妈妈说。

妈妈的脸唰的一下就红了，她心里想，自己每天都教育自己的孩子该怎么做，可自己反而不如十几岁的孩子。想到这里，她和洋洋一起将周围散落的雪糕袋装进了垃圾箱。"孩子，妈妈以后要向你学习，不仅是在自己的家里要爱护环境，在外面也要爱护环境。"妈妈真诚地对洋

洋说。

成熟的父母应该懂得学习孩子身上的优点。父母也不是完人，有时候孩子的一些特质是父母所没有的，这时父母就应该虚心地向孩子学习，和孩子一起成长。

我有一个亲戚叫陈芳，她上学的时候英语成绩不好，可是现在单位安排的工作有些与外语有关，她焦急万分。没想到，她那读初中便获得英语大赛一等奖的女儿对她说："妈妈，你的英语就交给我吧，我来当你的老师。"最初陈芳有些尴尬，可是迫于工作需要，她只能硬着头皮来当孩子的"学生"。

一个月下来，陈芳的英语特别是口语，已经有了很大的进步，日常交际完全没有问题了，可以胜任现在的工作。让她最为开心的不仅如此，在学习的过程中，她和女儿的感情也亲密了很多。

父母只凭借自己已经掌握的知识，很多时候难以适应社会的发展，更别提好好地教育孩子了。只有通过不断学习，才能实现我们自身知识结构的完善和更新，才能更好地履行教育孩子的职责。而且，我们向孩子学习，在提升亲子关系的同时，也增加了孩子的自信。这是一举两得的事情，何乐而不为呢？

事实上，只要我们细心观察孩子，就会发现他们身上有许多值得我们学习的地方。除了学习孩子的优点，我们还可以陪孩子一起成长，在成长中学习。

"活到老，学到老"，说的就是终身学习。我们不断地充实自己的知识，是对孩子最好的教育。在家庭教育中，我们是最早的教育者。可是，在孩子出生之前，我们对"父母"这个角色没有任何的实践经验，有的只是道听途说，或是从自己的父母那里得来的经验。我们之前接受的教育相对简单，而现在的孩子接受的教育是开放的，是丰富而全面的。而且，这些已经影响到了孩子的思维。

"爸爸，现在气候变暖了，如果两极的冰融化了，水淹没了陆地，怎么办？"一个孩子问他的爸爸。

"这是很多年之后的事情，用不着你操心。"爸爸说道。孩子还是一本正经地问："可是，我们的后代还活着，他们到时候要怎么办？"

不是爸爸不想回答这个问题，只是他也不知道该如何来回答儿子。"儿子，爸爸也不是很清楚，不如我们一起去图书馆查阅资料吧。"爸爸提议说。

儿子高兴地答应着。两个人查询之后，发现是环境污染的问题，于是就达成一致，约定严格监督对方的行为，让减少污染从自己做起。

有的时候，父母还自诩说，自己看一眼孩子，就会知道孩子在想什么，下一步想做什么。但是随着孩子逐渐长大，父母就会发现，自己越来越不了解孩子，不知道孩子的脑袋里在想什么。

孩子生活在变化的环境中，获取知识的途径和方法是多种多样的。而且，在这个高速发展变化的时代，父母的"权威"时代已经结束，只有陪伴孩子一起成长，才能真正了解孩子，与孩子建立亲密的关系。同时，在一同学习的过程中，父母还可以给孩子方向上的正确引导，保证孩子不走弯路，健康成长。

孩子面对的是一个变幻的世界。如果父母无法跟上孩子的节奏，就会逐渐偏离孩子的世界，和孩子产生沟通障碍。因此，在孩子进步的每个关键时刻，父母也不要忘记自身的学习，应帮助孩子更好地认识这个世界，也和孩子一起成长。

7.5 带孩子一起去旅行

有这样一个故事：

有一位商人很少出国，他的朋友都劝他多到几个国家走一走，但是他认为自己太忙，没有时间，还对朋友说，自己的生意不错，出去走一走就是浪费时间。每天，这位商人都在拼命地工作着，然而遗憾的是，他的生意却每况愈下。他对朋友说："现在的生意，怎么这么难做？我也搞不清楚自己的经营失败在了什么地方。"朋友对他说："你现在必须出去看一看、走一走了。"可是，固执的商人仍旧认为朋友提出的建议，除了浪费时间外，没有任何意义。他依旧与往常一样努力工作。

20 年后，商人把生意交给了儿子来经营。他的儿子听从了前辈的建议，先后到美国、加拿大、澳大利亚、印度等国家旅行了一圈，而且这样的旅行几乎把商人几十年的积蓄都用光了。商人知道后，非常生气，骂儿子要败光他的家业。可是，儿子却告诉商人，他会在 3 年内把生意做得比他父亲的任何一个经营阶段都要红火。

原来，商人的儿子是在通过旅行考察国外市场。他通过比较分析，总结出了一套全新的市场运作模式：从原料价格较低的国家进口原料，在本国加工后，再出口到成品需求量较大的国家。这样的运作模式，取得了巨大成功。就这样，一个濒临倒闭的企业起死回生，重新发达了。

商人感慨地说："我犯了一个错误，就是只知道埋头工作而不抬头看路，把自己的手脚束缚住就等于束缚了自己的头脑。我现在已经上了年纪，再也无法修正这种错误了，幸好我的儿子与我不一样。"

在孩子还小的时候，应在尽可能多的地方留下足迹，对孩子的一生来讲，这是一笔巨大的财富。父母和孩子一起出门旅游，不仅可以放松心情，收获大自然的美景，还可以促进亲子间的感情交流，使得亲子间的沟通更加顺畅。在更多的地方留下足迹，不仅会增加孩子的人生阅历，丰富他们的生活，也会提高他们的应变能力，让他们获得更多的人生经验和情趣。

美国著名旅行家贝朗这样告诫人们："你必须到更多的国家去走走，你必须和更多的人去交流。旅行对于你们这些年轻人来说，是人生最重要的课程之一。"所以，带着孩子走出去吧。一旦带着孩子走出去，就会体验到与平时生活完全不同的一个世界。这时，你也许就会发现，孩子在慢慢地长大。这样的体验会带给孩子自信和勇气，还有做事的经验。

在现实生活中,父母忙于生计、工作,孩子忙于学业,总是按照既定的轨道前行。现在是时候把手里的东西放下一会儿,带孩子一起去旅行,在陪伴中与孩子一起成长。

首先,带孩子旅游,要提前安排。出去旅游是否有收获,全在事前的规划。那种急行军式的旅游,全家一起赶景点、走马观花一样的旅游方式,确实没有多大意思。但是如果父母细心设计、安排一下,结果就会大不一样。

出发前,父母要和孩子一起在地图上找一找要去的地方在哪个位置,沿途要经过哪些城市、省份,可以利用什么样的交通工具等。这既可以丰富孩子的地理知识,又使他对要去的地方产生兴趣。另外,最好再找一张景区图,与孩子一起了解一下目的地有哪些景点,再讲几个与景点有关的故事、传说,更能激发起孩子对这次旅游的兴趣。在旅游过程中,父母可以鼓励孩子把自己看到的新鲜事物和自己的感受写下来。

其次,在旅行中,遇到孩子感兴趣的事物,父母要耐心地陪着孩子做细致的了解,让他们学会对引人入胜的历史和古迹进行考察和研究。同时,如果去野外旅行,还要学会在野外辨别方向、步行和登山的常识。

这样,孩子和父母在旅行中不仅会眼界大开,获得莫大的愉悦,还能学到许多有益的知识和本领,就像泰戈尔所说的:"走出去,走出去……"只要走出去，就能收获精彩。

最后，在旅游时与孩子沟通。旅游是一种良好的亲子沟通方法，不过很多父母也许还没有意识到这一点。儿童教育专家张原平认为，带孩子旅游是实施亲子沟通的好方法。他说："读万卷书也要行万里路，这样才能使教育更充实。孩子在旅游的过程中可以了解到地理、历史、建筑、文学、民俗等多方面的知识，还能增强体质，磨炼意志，而亲子旅游更是一个相互学习、沟通情感的好机会。"

之所以说在旅游中容易进行亲子沟通，是因为这时父母和孩子都处于一种愉悦的情绪中，平时在家里讨论起来比较容易产生对立情绪或矛盾的问题，在旅游中则都能心平气和地解决。而且，在旅游的过程中，父母还可以更多地了解孩子的内心，使亲子沟通得以加强。另外，当周围环境改变时，孩子的自主意识就会增强，他就会主动地关心父母，从而让亲子关系在远离家庭冲突的地方得以修补。

所以，为人父母者可以利用节假日带孩子外出旅游一下，在游览那些陌生的地方时，父母与孩子间的关系一下子就会变得紧密。孩子也会深刻地感受到与父母的亲切关系，从而愿意主动与父母交流。

西方大哲学家圣奥古斯丁曾经说过："世界就像一本书，不去旅行的人只读到了其中的一页。"一个人走过的路越多，生命就越精彩。带着孩子行走天下，让他越来越有见识，与他们在旅游中共同成长，是父母给孩子的最好的爱。所以，父母不妨多带孩子出去走走，以满足孩子多方面的兴趣，为孩子各项能力的开发奠定基础。

7.6　会陪孩子玩的父母，才是好父母

一个周末，李雨桐在家待着没事干，便让妈妈和自己做游戏。可是妈妈正在津津有味地看电视，就对雨桐说："宝贝，你自己玩吧，妈妈正在看电视呢，等妈妈看完这集电视剧就和你玩。"

于是，雨桐就和妈妈一起看电视，她想着等电视剧一结束，妈妈就会和自己一起玩了。过了一会儿，电视剧演完了，正在插播广告。这时候，雨桐又向妈妈提出一起玩的要求。妈妈伸了伸懒腰，抚摸着雨桐的头说："妈妈好累呀，你让妈妈歇一会儿吧。"没办法，雨桐只好耐心地再等一会儿。

可是过了没两分钟，电视剧又开始了，妈妈又看起了电视剧。雨桐再一次向妈妈提出一起玩的要求，妈妈却不耐烦地对她说："你没看见妈妈正在看电视吗？你都上三年级了，还让妈妈陪你玩？你自己去玩吧，让妈妈好好地看会儿电视。"

雨桐觉得妈妈喜欢看电视超过了自己，不禁委屈地哭了。

现在的孩子大多是独生子女，在得到父母更多关爱的同时，也感受到了作为独生子女所独有的孤独，他们的生活空间明显缩小了很多。然而，很多父母并没有意识到这一点，当孩子请求父母和他们一起玩的时候，父母会像李雨桐的妈妈一样，总是有充分的理由拒绝孩子："妈妈

忙，你自己去玩。""爸爸工作很累了，你先让爸爸歇会儿吧。""妈妈没时间，等妈妈有空了再和你玩。"……

让孩子自己玩，孩子容易出现自私、不善于和别人交流等问题，从而影响孩子的心理健康，这对孩子的成长非常不利。因此，父母与其让孩子自己玩，倒不如和孩子一起玩。

父母应该和孩子一起玩，这可以改善孩子独处的局面。而且，有了父母的参与，会大大提高孩子玩的乐趣，促使孩子学到更多的东西。此外，父母和孩子一起玩，还有助于启发孩子的智慧，培养孩子的创造力和想象力，提高孩子的学习兴趣。

既然玩有这么多的好处，父母一定要改变以往的做法，和孩子一起玩，这有利于促进孩子身心健康地成长。

首先，父母要以平等的姿态参与孩子的游戏。父母在和孩子玩的时候，要以平等的姿态参与到孩子的游戏中去，一定不要过多地指挥孩子，更不要总是以父母的姿态指责孩子。

我的儿子最喜欢和爸爸玩了，因为爸爸经常以朋友的身份和他一起玩游戏。爸爸知道，父母和孩子玩，应该给孩子更多的快乐。如果父母过多地指挥孩子，则会使孩子失去玩的乐趣。因此，和儿子一起玩的时候，爸爸总是以朋友的心态和他一起玩耍，希望能给他一个快乐的童年。

小时候，儿子最喜欢玩过家家的游戏。这时候，爸爸则是他最好的搭档：儿子扮老师，爸爸就是他最好的学生；儿子扮医生，爸爸就是他的病人；儿子扮厨师，爸爸就是他的客人……爸爸非常尊重儿子，从不会在游戏中对儿子指手画脚，总是积极地配合儿子，就像小朋友似的和儿子嬉戏打闹。

渐渐地，随着儿子逐渐长大，他不再喜欢过家家这样的游戏了，开始喜欢玩卡片、下棋。这时候，爸爸依然是他最好的玩伴。爸爸不仅给儿子买了一些卡片，有时候还和孩子一起动手制作各种有趣的卡片，父子二人玩得不亦乐乎。

爸爸能够和儿子建立平等的朋友关系，以朋友的身份和他一起玩，既让自己享受了天伦之乐，也给了儿子一个快乐的童年，让他在快乐中健康成长。

其次，在游戏中给孩子必要的引导和帮助。和孩子一起玩时，父母需要在游戏中给孩子必要的引导和帮助，这样才能达到理想的教育效果。游戏的主角是孩子，当孩子遇到问题的时候，父母一定不要包办、代替孩子解决问题，而要启发孩子，引导孩子自己解决问题。

最后，和孩子玩有意义的游戏。想要达到寓教于乐的目的，父母要经常和孩子玩一些有意义的游戏。父母不妨经常和孩子玩一些角色扮演游戏，如过家家，这可以帮孩子理性地认识社会。父母还可以经常和孩子一起玩一些活动游戏，如接龙、捉迷藏，这可以培养孩子的自信心。此外，父母还可以和孩子玩一些益智游戏，如下棋、猜谜、拼图，这可以提高孩子的判断能力。

郑学金的爸爸妈妈都是教育工作者，他们非常注重对郑学金的教育。他们知道，现在的孩子大多是独生子女，应该多和其他孩子一起玩，这对孩子的成长非常有好处。值得一提的是，郑学金的爸爸妈妈非常注重和孩子玩的质量。郑学金小的时候，爸爸妈妈就注重在玩中开发他的创造力和想象力。

一次，爸爸妈妈和郑学金一起玩猜字谜的游戏。爸爸问："千根线万根线，掉到水里看不见。"郑学金高兴地说："爸爸我知道，是雨。""对了，儿子你真聪明。"接着，爸爸妈妈又让郑学金出题目，然后他们猜。这既增加了玩的乐趣，也开发了郑学金的智力。

此外，爸爸妈妈还经常和郑学金一起玩其他游戏，如下棋、成语接龙等。他们经常和郑学金一起做一些有意义的游戏，这很好地开发了郑学金的智力，锻炼了他的思维能力和创造力。

所以，父母要经常和孩子一起玩，提高和孩子玩的质量，让孩子越玩越聪明。要知道，会陪孩子玩的父母，才是好父母。

7.7 孩子到底是家庭的"纽带"，还是"导火索"?

有一天，我的一位同事情绪激动地给我打电话，说要来我家住几天。我见她语气不对，询问道："来我家住几天不是问题，但是能告诉我发生了什么事吗?"同事说了句"见面说"，就挂断了电话。过了一会儿，她真的过来了，眼睛红红的。在我的追问下，她才慢慢地跟我说了事情的原委。

原来她的孩子乐乐一大早就吵着要去买玩具，她不答应，觉得不能孩子要什么就给什么，所以拒绝了孩子的要求。乐乐一听妈妈不答应，就躺在地上大哭大闹。乐乐的奶奶一见，心疼得要命，抱着乐乐去了商场，满足了孩子的心愿。

本来这件事就这么过去了，可是中午的时候，乐乐看见隔壁小朋友手里拿着的电子金箍棒，又吵着要。同事很生气，坚决不肯去买。乐乐故技重演，躺在地上打滚。她老公被吵得很烦，说了一句："就给他去买吧，反正也不缺这点钱。"

同事赌气地说："这孩子不能再惯着，要去你去，反正我不去。"老公为了家里太平，就去买了根金箍棒给孩子。哪知道傍晚的时候，乐乐又要遥控汽车了。同事气得要命，狠狠地教训了乐乐。这下好了，简直捅了马蜂窝，乐乐哭得惊天动地，还惊动了爷爷奶奶。奶奶一看宝贝孙子哭成这样，心疼得要命，责怪同事道："这个年纪的孩子，正是喜欢玩玩具的时候。乐乐别哭，奶奶去给你买。"

同事见公婆、老公都这么纵容孩子，非常不满："他今天已经买了两次玩具了，绝对不能再买了。"婆婆一听就不高兴了："又没叫你买，我给我孙子去买，谁管得着？"同事据理力争道："妈，这孩子就是被你惯坏的，你不能再这么宠着他了。"

这话一说，婆婆就受不了了。老人家觉得自己出钱出力，最后还不落一句好，两人就这么吵了起来。同事觉得自己是正确的一方，就希望老公过来说几句公道话，至少劝劝婆婆不要再这样娇惯孩子。可是老公一看乌烟瘴气的家，皱皱眉头说："你也真是的，不就是一个玩具吗？我妈要是不给孩子买，你可以不高兴，她对孩子那么大方，你还有什么不满意的？"

同事觉得自己在家里是被孤立的，孩子不听她的话，婆婆对她不满，连老公都不为自己说话，于是就跑了出来。

这种场景经常出现在很多家庭里，有的夫妻甚至因此闹到离婚，有的即使解决了问题，也会给夫妻关系、婆媳关系埋下隐患。在正统的观念里，孩子被比喻成家庭的纽带，本来没有血缘关系的两个家庭，因为孩子拥有了共同的血脉。可如今，越来越多的人感叹，孩子虽然是家庭的纽带，但很多时候更是导火线，家庭中几乎有一半的吵架是因为孩子引起的。

真的是这样吗？要我说，这不是孩子的错。孩子是家庭的"纽带"还是"导火线"，取决于父母怎么做。或许大家可以从我的事例中，找到解决的方法。

在儿子6岁的时候，他自己能做的事情，我就不再帮他做，而他想做的事，我基本上也不阻拦。这年春节，我们照常接儿子的爷爷奶奶和我们一起过。吃饭的时候，儿子像往常一样给大人盛饭，这是儿子刚养成的好习惯。我和丈夫端坐在椅子上，等着儿子给我们盛饭。可是儿子还没有拿起碗，婆婆就把碗夺了过去，惊讶地看着我们："你们叫这么小的孩子给你们盛饭，万一烫着呢？"语气中满是责备。

我连忙把婆婆拉到一边说："妈，他已经 6 岁了，盛饭只是件小事，他完全能够做得好，而且这已经不是他第一次帮我们盛饭了。您别这么大反应，让他以为盛饭是多么的不应该。"婆婆压抑着怒气说："本来就不应该，你们是干吗的？自己不干家务，还叫小孩子干，你们是他的亲生父母吗？"

我承认婆婆说的是事实，其实我自己也不是个喜欢干家务的人，但是叫儿子做这些小事，只是为了让他养成自理的习惯。婆婆听我这么一解释，更不高兴了："难道我的孙子不盛饭，他就不能自理了吗？他的自理就靠盛饭呀？反正看见你指使我孙子干活，我就难受。幸亏你是他亲妈，不然我跟你没完。"

我好说歹说，婆婆算是勉强接受了我的观念，但是脸色一直不太好看，觉得我对孩子过于苛刻了。最后她说，孩子是我们的，我们想怎么教就怎么教。婆婆打算提前回去，临走时对我说："你一直说要让孩子自理，那也要有个度，毕竟孩子还小，万一发生点什么，你后悔都来不及。"

我心里觉得委屈。我很羡慕外国父母让孩子早早独立，孩子很小就会帮父母干活，甚至连零花钱都要通过给父母打工领取。我清楚儿子是中国孩子，把外国父母的那一套方法照搬过来未必有利，毕竟别的孩子都是在父母的呵护和仔细的照顾下成长的，而儿子小小年纪什么都要自己做。我也担心在他的心里形成一种爸爸妈妈不够爱他的感觉，所以只是适当地让他自己做一些事情。即便这样，我还是在婆婆那里碰了壁。孩子是很敏感的，奶奶刚走，他就问我："妈妈，奶奶为什么这么快就回去了？她是不是不喜欢我？"

我想了想，认真地告诉他："奶奶不是不喜欢你，是对妈妈有意见。"

儿子听完之后，天真地问我："为什么？妈妈你做了什么让奶奶不高兴的事吗？"

"妈妈和奶奶都特别爱你，妈妈希望你是个独立懂事的孩子，自己的事情能够自己做，那么以后你离开我们的时候，也能够很好地照顾自己。而奶奶希望你过得开心，能受到更多的照顾，所以不同意妈妈的做法。因此对妈妈有了意见。"

儿子爬到我的膝盖上，有些内疚，伸出小手摸摸我的脸问："你们吵架了吗？如果你们吵架了，会怎么样？"

我把他抱到怀里，轻声地告诉他："妈妈和奶奶没有吵架，只是意见有了分歧。但是如果不解决的话，就有可能吵架。要是吵架的话，就会影响一家人的关系，更严重的话就会冷战、离婚。"儿子还不明白这些道理，他仰着小脑袋问我："冷战、离婚，是什么意思？"

"冷战就是谁也不理谁，离婚就是爸爸妈妈分开了。"儿子突然搂紧我的脖子："妈妈，我不要你们冷战，更不要你们离婚。"

几天后，我看见儿子在客厅里给他的奶奶打电话："奶奶，妈妈说想和你们一起过元宵节，你希望我们过去还是你们过来呀？"婆婆选择了让我们过去。元宵节那天吃完饭，儿子在客厅里和爸爸玩，婆婆拿出一盒巧克力跟我说："你把我也当孩子了？"我惊讶地说："这不是我送的。"婆婆一想就明白了。我说："他前天还说你夸奖我来着呢，估计也是他自己想的。这孩子这么希望我们关系融洽，我们怎么能让他失望呢？"

婆婆看着客厅里的孙子，重重地点了点头。从那以后，我和老公偶尔闹矛盾的时候，儿子就会像个小大人一样来调解，基本上我们会很给这个小家伙面子。他一说话，我们就立刻和好了。

很多家长遇到家庭矛盾会尽量避免让孩子知道，即使私下里已经吵得不可开交，在孩子面前也会表现得和平常一样。即使孩子感觉出来了，家长也会尽量轻描淡写。这是出于对孩子的爱，不希望孩子受到大人的影响。但是我们要记住，孩子也是家庭的一员，我们可以把家庭的一些矛盾客观、公正、心平气和地讲给孩子听，让他们明白发生了什么事情。

特别要提醒父母的是，我们在告诉孩子家庭矛盾的时候，尽量不要掺杂自己的情绪和判断，更不能为了让自己多个同盟，而在孩子面前说另一方的坏话。最好只是客观、真实地把事情陈述给孩子听，把其中的利害告诉孩子，让孩子自己去判断。

孩子到底是家庭的"纽带"还是"导火索"？答案不言而喻。孩子一直都是家庭的"纽带"，只是每个父母处理矛盾的方法不一样，误认为孩子是家庭的"导火索"。不可否认的是，当孩子出生后，会或多或少地给家庭带来一些影响，这些影响可能会产生矛盾。只要我们有正确的心态和处理方法，孩子肯定是家庭幸福的秘方。

有人说，人的一生注定会遇到两个人，一个是爱人，另一个是孩子，一个惊艳了时光，一个温柔了岁月。